基于演化博弈理论的
高校青年教师
学术生态形成机制研究

JIYU YANHUA BOYI LILUN DE
GAOXIAO QINGNIAN JIAOSHI
XUESHU SHENGTAI XINGCHENG JIZHI YANJIU

王飞飞 著

西南财经大学出版社
Southwestern University of Finance & Economics Press
中国·成都

图书在版编目(CIP)数据

基于演化博弈理论的高校青年教师学术生态形成机制研究/王飞飞著.
一成都:西南财经大学出版社,2021.6
ISBN 978-7-5504-4633-5

Ⅰ.①基… Ⅱ.①王… Ⅲ.①高等学校—青年教师—科学研究工作
—中国 Ⅳ.①G645.12

中国版本图书馆 CIP 数据核字(2020)第 219432 号

基于演化博弈理论的高校青年教师学术生态形成机制研究
王飞飞 著

责任编辑:李晓嵩
责任校对:杜显钰
封面设计:何东琳设计工作室
责任印制:朱曼丽

出版发行	西南财经大学出版社(四川省成都市光华村街 55 号)
网 址	http://cbs.swufe.edu.cn
电子邮件	bookcj@swufe.edu.cn
邮政编码	610074
电 话	028-87353785
照 排	四川胜翔数码印务设计有限公司
印 刷	四川五洲彩印有限责任公司
成品尺寸	170mm×240mm
印 张	13
字 数	239 千字
版 次	2021 年 6 月第 1 版
印 次	2021 年 6 月第 1 次印刷
书 号	ISBN 978-7-5504-4633-5
定 价	88.00 元

前言

人们来到这个世界上，到底追求什么呢？

2 300年前亚里士多德就已经回答了这个问题："世人不分男女，都以追求幸福为人生的最高目标。"人们追求健康、美貌、金钱、权力，无非也是因为他们认为拥有这些就可以得到幸福。

青年教师进入高校后幸福吗？

如果他们坚定不移、刻不容缓地追求职称的话，幸福感或许会与他们渐行渐远。奥地利心理学家维克多·弗兰克在《活出意义来》的序言里说："不要以成功为目标——你越是对它念念不忘，就越有可能错过它。因为成功如同幸福，不是追求就能得到的；它是一个人全心全意投入并把自己置之度外时，意外获得的副产品。"因此，当高校青年教师以追求职称和奖励为工作目标时，学术幸福感乃至生活幸福感都会止步于此。

兴趣、热爱、求知欲是青年教师学术幸福感的内驱力，同行认可、组织归属是学术幸福感得以持续的外部条件。

米哈里说，当个体心无旁骛地沉浸于自己感兴趣的事件之中时，会产生一种极致的幸福感——心流。在自己感兴趣的领域深耕精进时，青年教师若能体会到这种忘我的、沉醉的、极致的幸福感，这便是学术心流体验。学术心流过程孕育着顿悟和创新。

外部的科研制度精准把握了青年教师的生理和心理需求，使其陷入对奖励政策的迎合和对惩罚政策的规避之中，部分逐利成功的青年教师会成为其他青年教师的朋辈榜样和研习对象，高校学术生态因此由"理想型"逐渐向"功利型"演化。学术社会化是必需的，但是青年教师更应该摆脱制度的外部制约，让内在心流体验成为学术生活的最主要奖赏，这样就不必为政策中遥不可及的目标和求而不得的奖赏受尽"折磨"，也不必在政策目标达成后迅速陷入目标虚无状态。

高校学术环境若向追求真理的理想型学术生态环境演化，就应引导青年教师专注于自己学术领域各类问题的解决，沉浸于问题解决过程的快乐之中，不要过于功利地追逐学术成就所带来的"功名利禄"。唯有如此，青年学者方能在探寻高深学问的道路上持续深入；唯有如此，人类文明的步伐才能不断往前迈进。

本书正是基于以上考量，从演化博弈理论的视角对高校青年教师学术生态形成机制进行了研究。笔者在撰写书稿的过程中参考、引用了许多研究成果，但书稿最后仅列出了主要的参考文献，在此对这些研究成果的作者表示衷心的感谢！由于时间和精力有限，本书难免有一些不足之处，敬请各位读者批评指正，以便笔者逐步完善。

王飞飞

2021 年 6 月于明德楼

目录

1　导论

1.1　问题的提出

人才培养、科学研究和社会服务是大学的三大传统功能。青年教师是高校教师队伍的重要组成部分，其学术生态与高等院校的持续创新力、人才培养的效果以及高校智库发展息息相关。但是，由于起步较晚，青年教师大多数处于"马太效应"中"弱者愈弱"的状态下，他们为实现职称晋升、达到科研评价指标而被规训为批量生产论文的"技术工人"，也有部分教师功利短视，不断追逐热点，在浮躁中丧失了聚沙成塔、滴水穿石、厚积薄发的学术恒心，一旦获取职称晋升就丧失学术动力。近年来，国内外高校频频出现以"青年教师""职称""学术"为关键词的报道。《自然》（*Nature*）杂志 2016 年面向全球青年科学家的调查显示，"激烈竞争驱使许多青年科学家走捷径""竭力拉经费让科研时间所剩无几"（Kendall Powell，2016）。2017 年 4 月 20 日，国际权威期刊《肿瘤生物学》撤销中国作者 107 篇"同行评审"造假论文，524 人涉嫌学术违规，他们来自国内 77 家医科大学及其附属医院。2014 年 12 月，我国西部某著名"985"工程建设高校青年教师周某在网络社交平台上发表《自白书》，引发社会一片哗然："一个老师的职称只与他的科研成果有关。每个学院都要向学校签下合同，承包多少个课时、多少篇论文、多少个课题。高校教师的主要工作是申报课题、报账。"著名的"钱学森之问"道出了我国高校无法培养出创造性人才的困境，这其中除了学生时代的培养问题外，也与优秀人才作为青年教学科研人员入职后的学术成长土壤不无关系。综上所述，本书研究问题的提出源于现实生活中不合理的现象：高校青年教师本应成为创新力量的源泉，厚积薄发而产出学术成果、培养人才、服务社会，为何反而陷入在夹缝中求生存的困境？职称政策等科研评价体系对高校青年教师学术生态的影响是普遍存在的吗？其影响因素、形成机制以及保障措施有哪些？如何构建可持续发展的学术生态？这些深藏在现象背后的研究问题具有很强的理论研究价值和实际应用价值。

1.2 核心概念的界定

1.2.1 学术取向

英语中的"学术"一词"academic"，来自"academy"，意思是"学院的"。"academy"则来自拉丁文"academia"，出自古雅典的地名"Akademeia"。此处因柏拉图而闻名。因此，人们取其"学院、学校"的本源之意。"academia"用来指"知识的累积"，后被翻译为"学术"。学术的发展和传播跨越了多个时代。欧洲的学术发展随着文艺复兴的出现而改变，到了工业革命时期更出现了现代化的进程。东亚的学术发展在清朝中叶或以前，仍然受到中国学术思想的影响。自日本明治维新开始，东亚各地的学术由专注人文范畴转移到科学范畴，朝着西方化发展。随着科学范畴的学术高速发展，人文研究方法变得科学化。从整体来看，到了21世纪，现代学术架构以欧美模式为基础，系统性专业分科变得非常仔细，而跨领域的研究与生命技术成了学术研究新的发展空间①。

学术是系统专门的学问，是对存在物及其规律的学科化论证②。韦伯认为，学术作为精神上的志业，个人唯有通过严格的专业化，才能在学术研究的世界里获得达成完美成果的意识。学术热情是学术的重要驱动力，没有学术的热情，没有"你来之前数千年悠悠岁月已逝，未来数千年在静默中等待"的壮志，就没有发现真理的潜质。学术创新需要学者付出艰苦卓绝的努力，学术灵感虽然会不可预期地出现，但如果学者不曾在书桌前苦苦思索且怀着献身的热情，灵感是不可能来到其头脑中的③。马克思同样告诫追求真理的学者："在科学上没有平坦的大道，只有不畏劳苦沿着陡峭山路攀登的人，才有希望

① 维基百科. 学术 [EB/OL]. http://zh.wikipedia.org/wiki/.
② 百度百科. 学术 [EB/OL]. http://baike.baidu.com/view/483967.htm? fr=aladdin.
③ 马克斯·韦伯. 学术与政治 [M]. 钱永祥，等译. 桂林：广西师范大学出版社，2010：164-170.

到达光辉的顶点。"①

作为重要的学术机构，世界上许多大学逐步走上了美国大学的发展路线，学术机构正在经历国家资本主义化，学术机构的研究经费依赖国家财政拨款，机构的负责人如同工厂雇主，机构的研究人员如同工厂里的工人，"如同过去工匠曾经有过的情形"②。学术资本主义化的现代大学已经和古典大学的气质完全不一样了，而学术资本主义化后大学的教授与古典大学时期的教授，在内在本质和外在表现上都呈现出巨大的差异。

从学术的演变、定义和论述中可以推导出，学术过程是指对系统、专门学问的探寻，是对存在物及其规律的学科化论证以及伴随此过程中的学者的学术情怀。高校教师的学术取向是指高校教师在探寻专门学问、论证存在物及其规律的学术生涯过程中的走向。根据学术成果产出的过程，学术取向可以划分为学术动机、学术产出、学术创新、学术伦理、学术幸福感五个维度，分别对应引发学术的动力、学术成果的产出、学术产出的质量、学术产出的伦理以及由之前各环节带来的深刻幸福感。

1.2.2 学术生态

学术是指系统专门的学问，是对存在物及其规律的学科化论证。高校教师的学术取向表现为对学术本身的价值取向、学术兴趣所关注的领域以及学术发表所包含的内容和采取的形式偏好，其中学术价值取向和关注领域属于意识层面，学术发表属于物质层面。学术取向受学者所处外部客观环境和内部主观因素的双重影响，最终以学者主观抉择的方式体现。

学术生态是由学术的基本生态主体、客体以及学术生态环境组成的复杂系统。学术人在学科平台上，以课程、课题、知识型社会服务等形式完成教学、科研和社会服务的任务③。高校学术生态是指高校学术人员之间、学术人员与学术环境之间的交互作用④。

① 马克思，恩格斯. 马克思恩格斯全集：第23卷 ［M］. 中共中央马克思恩格斯列宁斯大林著作编译局，译. 北京：人民出版社，1972：26.

② 马克斯·韦伯. 学术与政治 ［M］. 钱永祥，等译. 桂林：广西师范大学出版社，2010：160.

③ 刘贵华. 大学学术生态研究 ［D］. 上海：华东师范大学，2002.

④ 唐安奎. 论大学学术环境与基层学术人员的成长：学术生态的视角 ［J］. 现代教育科学，2006（7）：90-93.

1.2.3 演化博弈论

演化博弈论以"有限理性"为前提假设,指出生物的分布演化主要取决于其他同类参与者如何行动,参与者的最佳策略即为在重复博弈过程中不断向邻居个体模仿学习后进行自身策略更新、改进,最终所有博弈方达到稳定均衡趋于演化稳定策略(ESS)①。人类模仿邻近成功者的行为、通过试错的方法达到博弈均衡的特点与生物进化原理具有共性,历史、制度因素以及均衡过程的多元比例均会对人类社会演化博弈多重均衡的选择产生影响。

1.3 文献综述

1.3.1 国外高校学术生态研究现状

国外学者关于高校教师学术生态的研究集中在以下几个方面:

1.3.1.1 科研学术与教学学术的重心之争

1990 年,伯耶(Boyer)提出的"教学学术"理念在美国高等教育界引发了大学教学学术运动,学者们对教学科研的应然状态的观点存在分歧。伯纳德(Bernard,1985)认为,科研应该是教师最主要的工作,"让研究控制教学,以科研作为教学方法"。罗纳德·肯尼迪(Donald Kennedy,1990)认为,"教学是高等教育工作的重中之重"。对于国外高校教师学术取向的实然状态,J. 恩德斯和 U. 泰奇勒(J.Enders & U.Teichler,1995)的研究结果显示,59%的大学教师表示经权衡后,相对于教学工作而言,他们更倾向于科研工作。

1.3.1.2 学术产出的影响机制

累积优势理论、组织激励理论以及社会资本理论是学术产出具有代表性的三种理论。默顿(Merton,1977)分析了自我选择、社会选择、奖励制度以及资源分配系统是如何贯穿累积优势的回馈过程的。特茵等(Tein 等,1996)的研究认为,教师晋升系统可以视作奖励激励机制。费恩伯格和普瑞斯(Feinberg & Price,2004)、威克尔和弗莱格(Vlker & Flap,2008)等人的研究表明,社会资本对学术产出的影响是线性的,社会资本有助于个体获得有用的知识以及信息,在学术生产过程中合作者提供的帮助多数为自身缺乏的知识或信息。

---

① 乔根·W. 威布尔. 演化博弈论 [M]. 王永钦,译. 上海:上海人民出版社,2015:32-39.

1.3.1.3 大学基层学术组织运行机制

德国讲座制、美国学系制、俄罗斯教研室制分别代表了权威型、社团式、参与式三类大学基层学术组织运行机制的典型模式，教授治学、民主集中是国外学术治理体系的重要特征。

1.3.2 国内高校学术生态研究现状

国内最早关于高校教师学术的研究始于教育事业大发展前夕的 20 世纪 80 年代，当时大学师资的提升亟待建设学术梯队、激活学术组织（李仁和，1982；钱令希，1986）。党的十一届三中全会过后，对外开放的基本国策让研究重点关注国外高校教师取得学术成就的经验介绍（沈钰如，1993）。2000 年以后，学术评价、学术自由、学术道德、教学与学术等话题逐渐进入研究视域，主要集中在以下几个方面。

1.3.2.1 高校教师的学术成长要素

马陆亭对一流大学建设中的教师学术成长的制度性因素提出看法，他主张首先要让教师在学术框架内成长，杜绝学术的关系化和官本位；其次要为年轻人搭建实现其学术梦想的平台；最后要为教授提供宽松的学术环境，建立以学术职业声誉为主导的教授评价制度（马陆亭，2005）。

1.3.2.2 学术权力、行政权力和政治权力的博弈

随着大众化高等教育的逐步实现，各国学术职业阶梯的变化越来越频繁，且受市场力量、国家权力和学术权力的影响越来越突出（别敦荣，2006）。中国大学教师的学术取向面临诸多问题，突出表现为学术评价数量化、学术行政化、学术市场化三大问题（王全林，2013）。

1.3.2.3 考核晋升制度带来工具理性对学术的冲击

考核晋升制度是影响学术自由的中观层面的因素（江雪梅，2004）。大学人事制度，如资格配置机制、考核评价机制等是大学教师学术创新力的主要影响因素（康晓伟，2012），也是引发高校教师压力的重要因素（鲍威，2012）。在以少数拔尖人才为目标的学术锦标赛制度下，青年教师的学术行动多属于制度压力下的应激行动，不利于长远的学术发展（卢晓中，2014）。不少教师把"教授"职称的获得作为最高目标来追求，评上职称后学术的投入和产出却陷入停滞（杨芳绒，2015）。理性主义造就了功利的科研氛围，物质利益原则和经济利益至上将取代追求真理的学术原则和学术道德（张德昭、徐慧茹，2013）。

1.3.2.4 创新驱动发展对学术生态治理的诉求

青年教师承载着学术创新的原动力，同时又是高校学术生态系统中的脆弱

环节，容易受制于学术生态环境的影响而陷入学术危机（杨秀芹等，2020）。国家的创新驱动发展战略对全面创新提出要求，学术治理不应只强调规范性，学术创新才是高校学术治理的根本目的，以创新为导向的高校学术生态治理模式亟待形成（王牧华，2019）。

1.3.3　演化博弈论的历史沿革

1928 年，冯·诺依曼（Von Neumann）证明了博弈论基本原理，博弈论正式诞生。1944 年，冯·诺依曼和摩根斯坦（Morgenstern）出版了著作《博弈理论和经济行为》。1950 年，纳什（Nash）提出著名的"纳什均衡"（Nash Equilibrium）概念，之后博弈论（Game Theory）被广泛地应用于生物学、经济学、社会学、心理学等各个研究领域。1973 年，梅纳德·史密斯（Maynard Smith）和普瑞斯（Price）将博弈论正式用于进化生物学中，修正了古典博弈论"完全理性"的前提假设，从有限理性出发，以群体行为为研究对象，解释了生物行为的演化过程，提出"演化稳定策略"（Evolutionary Stable Strategy，ESS）。泰勒（Talor）和容克（Jonker）于 1978 年提出"模仿者动态"（Replicator Dynamic）的概念后，演化博弈开始被学术界关注。1982 年，梅纳德·史密斯把博弈论与动态演化过程分析相结合，正式提出"演化博弈论"。20 世纪90 年代以来，社会学家将演化博弈引入制度变迁、社会习惯和社会规范形成的研究中。到目前为止，演化博弈论已经广泛应用到数理统计、社会学、经济学、管理学等众多领域，成为解释社会系统行为动力的重要研究工具。

有限理性的人类在遇到问题时通常首先由直觉引发行为方式，并模仿邻近成功者的行为，通过试错等学习方法达到博弈均衡，这与生物进化原理具有共性。人类社会所选择的均衡是均衡过程的函数，因此历史、制度因素以及均衡过程的多元比例均会对演化博弈多重均衡的选择产生影响。目前，已有国内学者将演化博弈论运用于分析企业内部资本转移（龚志文，2017）、高校教师团队知识共享（冀鸿、霍明奎，2013）和高校内"科研热"现象（叶杰，2016）等。

1.3.4　研究述评

已有研究是巨人的肩膀，是后续研究持续开展的坚实基础，但也存在值得深入挖掘的地方。

第一，在研究对象上，关于高校教师学术状态的研究文献较多，但专门针对高校青年教师的研究文献却非常有限，这与青年教师在高校中实际所占的比例严重不相匹配。

第二，在研究视角上，有限的高校青年教师相关研究更多关注的是青年教师的生存发展状态，鲜有用第一手的全国性调查数据和鲜活的案例反映有哪些因素在什么机制下引发了学术取向的演化等微观研究。

第三，在研究深度上，关于高校青年教师的学术生态，多数研究集中在对教学与科研的关系、各类治理主体的简单博弈等现象的剖析，强调学术创新、学术自主的重要意义，大多属于描述性研究（"是什么"），缺乏解释性研究（"为什么"），对于青年教师生存发展的本质原因及其演化机制并未进行深入分析。

第四，在研究方法上，关于高校青年教师学术生态的研究方法较为单一，鲜有宏观思辨研究和微观个案图景相结合、量化研究与质性研究相结合、静态现实表征与动态模型建构相结合的综合方法。

因此，本书拟从研究对象上关注教学科研的重要储备力量——高校青年教师，宏观思辨研究与微观个案研究相结合，运用量化研究和质性研究相结合的方法，对高校青年教师学术取向的现状、动因、机制进行全面细致的研究，以演化博弈为理论基础，对这种学术取向演化稳定性求解，对高校青年教师的学术取向进行演化博弈的建模，捕捉高校青年教师学术取向的演化轨迹，构建可持续发展的学术生态路径，提出优化建议，为组织管理者在制定科研政策时提供理论参考。

1.4 理论基础

1.4.1 演化博弈论

1.4.1.1 演化博弈论的基本概念

演化博弈论的基本概念是策略、支付和演化稳定策略。

"策略"（strategy）是指个体在自己所处环境中对将采取的行动作出的一个设定。"行动"（action）是指在特定情形中个体所表现出来的行为。一个策略可能是单纯的，也可能是混合的，混合的情形表明在行为设定中存在随机性的因素，既有可能采取策略 A，又有可能采取策略 B。

"支付"是指对手采取策略 B 的情况下，竞争者采取策略 A 所带来的适应度变化的期望值。假设有两个物种为了争夺价值为 V 的资源而展开竞争（所争夺的资源为栖息地），则获得该栖息地的物种的达尔文适应度为平均生育后代 5 个，没有获得该栖息地的物种的达尔文适应度平均生育后代 3 个，那么 V 就等于 5-3＝2 个后代。

"演化稳定策略"（Evolutionary Stable Strategy，ESS）是指一个"不可侵犯"策略，即如果整个种群的每一个成员都采取这个策略，那么就不存在具有突变特征的策略能够侵犯这个种群。梅纳德·史密斯和普瑞斯（1973）对导向不可侵犯的数学条件进行了讨论，认为这一模型的本质特征在于种群具有无限大的规模，然后繁衍以无性生殖的方式进行，最后竞争只在两个对手间开展（成对竞争），即在对抗开始之前两个对手间不存在任何差异。

1.4.1.2 有限理性

由发展历程可知，演化博弈论是博弈论与动态演化的跨界结合。它是理性参与者策略性交互反应的数学模型，最初以零和博弈为显著特征[①]。在经典博弈论中，参与博弈的双方都是完全理性的，这种完全理性指博弈参与者知道博弈的所有细节，包括双方对博弈结果的偏好，另外还拥有无限的信息处理和计算能力，会选择让自己利益最大化的行为策略。然而，事实上完全理性是理想化的设定，理性是有限的。首先，人的认知能力和决策能力远远无法达到理想化程度，人的大脑加工能力、记忆能力等有限；其次，人的毅力是有限的，因为人们在权衡眼前利益和长远利益的时候，虽然明白长远利益的重要，但仍然无法抵制眼前利益的诱惑；最后，人的自利行为也不是无限度的，有时候人们会呈现利他行为倾向和情绪化的不稳定行为。因此，有限理性、有限毅力、有限自利这三方面（JJolls，Sunstein，Thaler，1998）对完全理性进行了修正[②]。

将经典博弈论中"理性经济人"的重要前提假设更正为"有限理性人"后，博弈论被日益广泛地运用到生物演化的问题上，包括性别比例、动物分布、竞争行为等，成为物种表现型演化的一般方法。例如，一株植物最优的生长形态取决于其附近植物的行为，即一株植物的生长速度取决于其自身的形态大小，也取决于与其相邻植物的形态大小以及它们之间对阳光、水分和营养物质的竞争强度（Mirmirani & Oster，1978）。

1.4.1.3 学习机制：邻居选择与策略转化

演化博弈论除了应用在生态系统中，还应用在复杂的社会系统中。在社会系统中，演化博弈论的前提假设是参与者有限理性，这个观点在前文已经论

---

① 维基百科. 演化博弈论 [EB/OL]. https://en.wikipedia.org/wiki/Game_theory.
② 乔根·W. 威布尔. 演化博弈论 [M]. 王永钦，译. 上海：上海人民出版社，2015.

述，这与完全建立在理性基础上的经典博弈论不同，其基本思想是通过重复博弈不断向邻居个体模仿学习，进行策略更新，从而最终达到稳定均衡。由于参与者是异质的有限理性个体，因此理性程度有差别，试错、学习的过程快慢不一，这些特性真实地反映了人类社会的复杂性特征，是演化博弈论研究社会系统复杂性的切入点①。

演化博弈每个阶段动态演化的过程都包含两个步骤：博弈和学习。其中，第一个步骤中博弈收益受收益矩阵以及博弈邻居的影响，第二个步骤中学习结果则受策略转换规则的影响。虽然"复制动态"是演化博弈的典型机制，但是个体在演化博弈时其实有多种多样的策略演化机制，其中最核心的部分、万变不离其宗的"宗"在于参与者通过博弈进行学习，并进行策略转换。由于收益矩阵一般都是在问题提出的时候就已经给出，因此参与者学习机制的差异性主要表现为邻居选取规则和策略转换规则②。

在演化博弈中，每一个处于群体中的个体都拥有两类"邻居"：一类是要与个体进行博弈的"博弈邻居"，另一类是供个体进行策略学习的"学习邻居"。博弈邻居和学习邻居可以不同，也可以相同。在邻居选取上，主要分为随机配对邻居、冯·诺依曼型邻居、摩尔型邻居、全局耦合邻居、复杂网络邻居。随机配对邻居是指在演化博弈的每个阶段，群体中的每个个体都随机地挑选另一个体与之进行博弈和策略学习，个体在每个阶段的邻居都不固定。这是一种最简单的邻居选取规则，但是与实际的问题背景不太一致，因此运用不多。冯·诺依曼型邻居也被认为是"最近邻"的邻居，是与个体紧密相邻的上下左右4个邻居。这种邻居与实际问题中"交往范围有限且相对固定"的情景比较一致，因此被广泛应用。摩尔型邻居是在冯·诺依曼型邻居的基础上增加了左上、左下、右上、右下4个邻居，代表了个体交往范围的扩大或信息获取能力的进一步提升，这种邻居范围的扩大有可能会影响演化博弈的整个动态演化过程。全局耦合邻居是延续扩大邻居范围的趋势，在摩尔型邻居的基础上，进一步将邻居选择范围扩大到自身以外的群体内全部博弈参与者，将其都当成个体的博弈对象和学习邻居。这种邻居选择虽然范围足够大，但由于不是每个个体都能获得群体的整体信息，因此只适用于某些实际问题。复杂网络邻居是随着以小世界网络、无标度网络为代表的复杂网络的提出而发展的，演化

① 张耀峰. 社会系统演化博弈建模与仿真 [M]. 北京：科学出版社，2016：48.
② 张耀峰. 社会系统演化博弈建模与仿真 [M]. 北京：科学出版社，2016：48.

博弈问题更多地被置于复杂网络的拓扑框架下讨论，这成为演化博弈邻居选取规则的新途径。

邻居是博弈选取的对象，学习是演化博弈的起因或动力，策略转化是学习后的行为调整，演化是博弈的最终结果。策略转换是演化博弈过程中尤其核心的步骤，是演化能否实现的关键所在。个体参与博弈，选择邻居进行主动或被动的学习，学习后是否有成效、能否适应环境并在下一轮博弈中获取收益，在于是否进行策略转化以及如何进行策略转化。由于演化博弈的前提是"有限理性"的个体，因此以下所介绍的收益比较规则、大多数规则、概率规则、历史经验规则等策略转换时所采取的原则体现每个参与博弈的有限理性个体力图追求更多利益或使自身处于更加有利的境地的动机。

收益比较规则是指当个体在群体中挑选邻居进行博弈时，如果自身的收益比邻居的收益少，则采取邻居的策略作为下一轮博弈的策略；如果自身的收益比邻居的收益多，则在下一轮博弈中保持原有策略不变。以上是随机配对邻居的策略转化规则。为实现策略的快速学习，个人也可以直接选择邻居中适应度最高的个体进行比较，以其策略作为下一轮博弈的策略。

大多数规则反映了有限理性个体的从众心理，符合众多实际问题的场景。在收益比较规则中，个体会理性地选择适应度较高的策略作为学习的策略，但是大多数规则中不关注个体与邻居哪方的收益多或少，都以大多数个体所采取的策略为学习对象，充分信任大多数人的智慧和判断力，容易造成群体盲从。这种博弈演化过程容易受到初始策略比例分布的影响。

概率规则在收益比较规则的基础上更加合理地考虑了由有限理性个体所组成的群体分布特征，它认为即使是收益低的个体策略也有可能以一个小的概率被其他个体所学习，即在群体中，个体以一个较大的概率向博弈收益高的个体学习策略，同时以一个较小的概率"犯错误"，向博弈收益低的个体学习。

历史经验规则是基于个体更高层面的理性，即个体具有一定的记忆力，能够记住博弈邻居最近 N 轮博弈中的策略历史，这样在进行策略转换时不仅依据邻居当前的策略，更参考其过往策略的集合。

较之于高度理性的收益比较规则和历史经验规则以及低度理性的大多数规则，概率规则更加合理地考量了个体的有限理性。有限理性主要在以下两个方面表现出差异：一是收益判断标准的差异，二是记忆力的差异。收益判断标准的差异会导致学习策略转换的巨大差异，同样的个体与同样的邻居进行博弈，个体价值观中所看重的收益是什么？是 A、B 还是 C，是短期利益、中期利益还是长期利益，价值观的差异会导致收益判断标准的差异，从而出现不同的收益比较结论以及后续的策略转换取舍。记忆力的差异来自历史经验规则的启发，博弈个体既然可能在一定时期内有记忆力，记住最近 5 轮博弈中博弈邻居的策略，那么也很有可能在一定时期内没有有效的记忆力，甚至连最近一轮博弈中邻居的策略选取都不记得，那么更无从比较收益的高低。因此，综上可知，强调在一定概率内有限理性的概率规则是现实生活中比较常见的策略转换规则。

在进行策略转化的过程中，博弈双方进行策略选择的时候还存在对称性问题。博弈双方在进行竞争时分为对称和非对称两种。非对称的竞争是指在同一类竞争者之间存在角色上的差异，从而使得竞争者中的任意一个可以采取策略。"如果处于角色 1，则采取策略 A；如果处于角色 2，则采取策略 B"，竞争者只有感知到所处的角色才会导致行为的不同。对称的竞争是指没有角色差异的博弈，即两个竞争者处于对等的地位，其拥有相同的策略选择空间，拥有对策略回报的同样预期。然而，在现实竞争环境中，双方在力量强弱、信息量大小等各方面都存在差异，这些差异会影响到竞争者的策略选择，因此现实中大量的博弈是非对称的。非对称博弈在生物界的表现呈现为年长者与年幼者、大体型者与小体型者或资源拥有者与非资源拥有者，这种非对称性会被竞争者所感知并影响支付矩阵，从而影响个体对其行为的选择。关于对称性，泽尔腾（Selten，1980）有一个定理，如果非对称博弈的竞争双方都非常明确地了解其非对称性，那么该博弈不会存在一个混合的演化稳定策略。在此定理中，博弈方的"评估"呈现出重要的意义。评估过程中主要依据两种类型的信息：一种是关于资源控制能力（resource-holding power，RHP）的信息，如体型大小、武器是否精良等，这些都有可能影响到战斗结局；另一种是关于动机的信息，即对方接下来会做什么的信息。前者是一种比较客观的信息，后者是主观的动机信息——信号与其后行动之间的关系，即信息（message）和真实含义（meaning）之间能否维持一种稳定的关系。

演化博弈论可以被用在高校学术生态系统中，高校教师属于高知群体，具有理性思维，同时他们也属于社会群体和高校亚文化群体中的一员，在学术社会化过程中呈现出有限理性。高校教师通过不断地向邻居个体——身边的高校教师学习，更新学术资源获取策略，最终达到稳定均衡。每位高校教师是异质的、有限理性的个体，他们的理性程度存在差异，于是在识别邻居策略、试错、学习和调整自身策略的程度上也存在差异。

1.4.1.4 行为方式的传承

演化博弈中的合作行为是一个稳定的结果，其存在的基础是个体能够成功地把更多的个性传递给其后代而不是他人，这种传承的机制包括下列三种：生物遗传、学习和文化遗传①。第一种传承方式是生物遗传，它从受精卵发育而来，其差异来自基因上携带的信息。第二种传承方式是学习，即以一个可选择的"行为"的集合作为起点，在此集合中包含了各种策略，在不同场合与采取不同策略的对手进行博弈，并且个体将根据博弈结局来调整使用不同策略的频率，在经验中提高博弈的收益。学习可以来自实践经验（直接经验），也可以来自头脑想象（间接经验），特别是对于人类而言，洞察力学习（insight learning）极为常见，即不用在现实情境中演练，而是在头脑中设想一些博弈，在博弈中采取不同的策略，通过计算、推理得出最优策略。一旦有效策略（如重复博弈中的"以牙还牙"策略）建立起来，每一个个体经过有效学习后都会采取这种策略，那么任何一个采取其他策略的个体都将无利可图，即演化博弈中学习的功能及最终的演化平衡。第三种学习方式是文化遗传，即个体的行为是通过学习或模仿他人而获得的，并且总是更倾向于从成功的良师益友那里复制行为。文化遗传的过程将导致行为模式的传播，包括满足演化稳定判断标准的合作行为（Feldman & Cavalli-Sforza，1976；Lumsden & Wilson，1981）。例如，所有的孩子会通过模仿母亲获得一些特性而获得更高的达尔文适应度；个人也通过模仿导师（mentor）来获得某种特性，这些导师通过某些标准在当时被认为是"成功的"，从而影响其仰慕者，使成功的特性不断增多。令人深思的问题在于，何为成功？成功的判断标准在一定程度上是由当时的文化决定的，因此这其中就包含了更为复杂和现实的因素，人们依据当时的"成功观"传承了导师的特性。在文化遗传中，横向传递和纵向传递都在发生，纵向传递主要指代际信息传递，横向传递主要指某个地域里、某个集体中、某类角色间的信息传递②。

高校教师对自身教学科研能力现状和潜质的判断、对外部学术环境的判断无法做到完全理性。在有限理性的前提下，高校教师通过模仿学习和试错学习进行不断趋于理性的选择，最终形成一个平衡的状态。这种动态演化的过程与演化博弈的过程极其相似，因此基于有限理性的演化博弈理论对分析高校青年

---

① 乔根·W.威布尔. 演化博弈论 [M]. 王永钦，译. 上海：上海人民出版社，2015：178-179.
② 张耀峰. 社会系统演化博弈建模与仿真 [M]. 北京：科学出版社，2016.

教师的学术生态具有重要借鉴意义。利用复制动态方程求解，可以清晰地捕捉高校青年教师的学术生态演化轨迹，同时也可以为组织管理者制定科研政策提供参考。

1.4.2 需求层次理论与组织激励理论

1.4.2.1 需求层次理论的内容

需要是有机体内部某种缺乏或不平衡的状态，是有机体活动的积极性源泉[①]。人的需要是多样的，根据不同的标准可以有不同的分类，有学者用二分法把需要分为生物性需要和社会性需要。美国著名人本主义心理学家亚伯拉罕·马斯洛（Abraham Maslow，1954）提出需求层次理论，把需要分为五大类——生理的需求、安全的需求、归属与爱的需求、尊重的需求以及自我实现的需求（见图1-1）。生理的需求是级别最低的需求，如对食物、水、空气、性、健康等的需求。安全的需求包括对基本的人身安全、社会治安的需求以及避免遭受自然灾害、身体痛苦、威胁或疾病等的需求。归属与爱的需求属于较高层次的需求，如对亲情、爱情、友情以及社团关系、职业单位等的需求。尊重的需求同样属于较高层次的需求，如对获奖、评优、工作绩效与成就、名声、职位及晋升机会等的需求。自我实现的需求是促使自己的潜能得以发挥、完成与自己能力相匹配的任务的需求。自我实现的需求的产生有赖于上述四种需求的满足。马斯洛需求层次理论的基本观点如下：

（1）人类的基本需求按照出现先后或优势力量的强弱排成等级，即需求层次，顺序是生理的需求、安全的需求、归属与爱的需求、尊重的需求以及自我实现的需求。

（2）一种需求浮现于人的意识中取决于占据优势状态的需求的满足状况。占据优势的需求支配人的意识，并组织调用有机体的各种能量；不占优势的需求则被减弱或遗忘。当一种需求被满足，另一种更高层级的需求就会出现，转而支配意识生活，并成为个体行为组织的推动力。

（3）人的需求有高级和低级之分。生理的需求和安全的需求是低级需求，被人和动物所共有，低级需求关系到个体的生存，又被称为匮乏性需求（deficiency needs），如果这种需求得不到满足，个体会面临生存的威胁或危机。自我实现的需求是人类所独有的高级需求。高级需求被称为成长性需求（growth

---

① 黄希庭. 心理学导论［M］. 北京：人民教育出版社，2001：180.

① 黄希庭. 心理学导论［M］. 北京：人民教育出版社，2001：180.

Footnote:

① 黄希庭. 心理学导论［M］. 北京：人民教育出版社，2001：180.

needs)。需求的层次越是高级，其对于维持生存就越不迫切，高级需求是产生深刻的幸福感、宁静感和内心丰富感的源泉。

（4）自我实现的需求是人类基本需求中最高层次的需求，但不是每个人都能自我实现，能自我实现的人是极少数，大多数人不能自我实现。

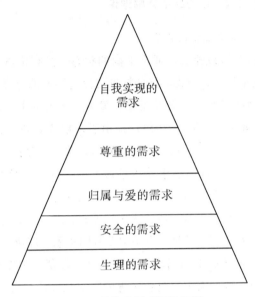

图1-1　马斯洛需求层次理论

动机和需求是紧密联系的，未被满足的需求是动机激发的初因。由于人的意识大多处于潜意识状态，因此需要常以意向和愿望被体验着：模糊的、未分化的需求是意向，明确意识到并想实现的需求是愿望，处于意向层面的静态的需求还不是动机，只有能激起并维持人们活动的需求才成为动机。动机是激发和维持个体进行活动，并导致该活动朝向某一目标的心理倾向或动力①。学术动机是激发学者开展学术活动、克服阻力维持学术活动并引导学术活动达成某一既定目标的心理动力。学术动机分为内部动机和外部动机两大类。内部动机是由原发性的生理内驱力或继发性的后天社会性内驱力驱使学者开展学术活动的内部力量，如生存压力或社会责任感等；外部动机是学术追求之外的目标所引发的诱因，如金钱、名利等。

弗洛姆（Vroom，1964）引入效价（valence）、期望（expecancy）和力量（force）概念，提出动机作用模式（见图1-2）。效价是个人对特定结果的情

①　黄希庭. 心理学导论 [M]. 北京：人民教育出版社，2001：193.

绪指向，即对结果的爱好程度；期望是个人预测行为达到特定目标的主观概率，其最大值是 1，最小值为 0；力量是行为动机的强度。学者期望通过学术活动达成一定程度的目标，对于达成这种趋向有最初的情绪强度，这两者构成最初的学术动机力量。随后学者采取可达成期望结果的行为，并在内部主观环境和外部客观环境的影响下获得一定的结果，若对所达成的现实结果比较满意，则经反馈后会提高效价和期望，强化新一轮的学术动机；若对所达成的现实结果不满意，则经反馈后将会降低效价或期望，弱化新一轮的学术动机。

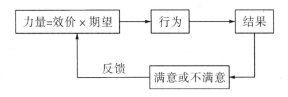

图 1-2　弗洛姆的动机作用模式

1.4.2.2　组织激励理论

从 20 世纪二三十年代以来，国外的管理学家、心理学家、社会学家在现代管理实践的基础上提出组织激励理论，其主要学派从理论流派上源于行为主义、认知派和综合型，可以分为内容激励理论、过程激励理论、行为后果激励理论和综合激励理论四大类。内容激励理论主要的研究对象是激发动机的诱因，如弗雷德里克·赫茨伯格（Fredrick Herzberg）的双因素理论、戴维·C. 麦克利兰（David C. McClelland）的成就动机理论。过程激励理论主要研究从动机产生到采取相应行为的心理过程，如著名行为科学家维克托·弗鲁姆于 1964 年在《工作与激励》中提出的激励理论，美国心理学家约翰·斯塔希·亚当斯于 1965 年提出的公平理论。行为后果激励理论主要针对行为后果，研究如何对行为进行后续激励，包括强化理论和归因理论。强化理论是美国心理学家和行为科学家斯金纳等人提出的，以学习的强化原则修正人的行为。海德于 1958 年提出的归因理论侧重于研究个人用以解释其行为原因的认知过程。综合激励理论的代表人物是美国心理学家和管理学家波特和劳勒，他们综合了需要理论、期望理论和公平理论的成果，把激励的过程看成外部刺激、个体内部条件、行为表现和行为结果等众多因素相互作用的统一综合过程。该理论认为，先有了绩效才有满足，绩效是奖励的前提，人们对绩效与奖励的满足程度反过来又影响以后的激励价值。对个体而言，激励价值越高，其期望概率越高，完成作业的努力程度也越大。个体行为的结果依赖于个人的努力程度、个体的品质和能力以及个体对自己工作作用的知觉。

波特和劳勒的激励模式还针对个人工作的满足感与活动结果之间的相互关系进行分析。工作满足感依赖于所获得的激励同期望结果的一致性程度。如果激励大于或等于期望，那么个体会感到满足；如果激励小于期望，那么个体会感到沮丧；如果活动结果与激励之间的联系弱化或联系出现不确定性，那么人们就会丧失信心。

波特和劳勒的组织激励理论综合了多种理论成果，对高校组织中青年教师的激励机制具有启发意义。青年教师付出个人努力，个人能力较为突出者呈现个人绩效，在组织绩效评估标准下得到组织的奖励。这些奖励进一步强化个人绩效，使个人获得更多的组织激励。这些奖励与个人目标（个人期望）对比后，高成就动机的个体会继续激发个人努力，抑或根据目标的达成程度调节个人的努力程度。

任何组织的绩效奖励所设定的标准必定不是针对全体成员的，而是针对少部分精英成员的，这就意味着大多数成员都与此激励无缘，处于失望状态。如果按照绩效表现把员工分为绩优员工、绩中员工和绩差员工，那么绩效考核政策会对绩优员工有效，因为他们可以通过努力获取奖励；对绩差员工有效，因为他们害怕遭到惩罚；但是前两种员工比例很少，按照正态分布，大多数属于中间部分的员工获得奖励的希望渺茫，因此显得麻木，这就是精英奖励机制的困境。

另外，我们也要充分重视过分充足理由效应（overjustification effect）的影响。奖励是非常有用的激励方法，每次行为发生时给予一次奖励，会增加行为的发生频率，无论对于老鼠推动杠杆获得食物，还是孩子阅读获得免费披萨，抑或是高校教师产出科研成果，奖励在一定程度上可以改变行为。然而，人与动物不一样，人有自我概念，一旦外部奖励停止，孩子会比以前读更少的书。这就是过分充足理由效应（overjustification effect），外在动机最终绞杀内在动机。内在动机（intrinsic motivation）是因为内心喜欢某项活动或觉得该活动有趣，外在动机（extrinsic motivation）是因为外在的奖励或压力而进行某项活动。如果个体认为自己的行为是由难以抗拒的外在原因所引起的，使得他们低估了内在原因引发该行为的可能性（Deci, Koestner & Ryan, 1999a；1999b），外在的奖励会损坏内部动机。

如何才能保护内在动机免受社会奖赏制度的破坏呢？首先，过分充足理由效应只在起初兴趣很高时才会破坏内在兴趣。其次，不同类型的物质奖励会造成不同的结果。奖励分两种：以任务为条件的奖励（task-contingent rewards）和以表现为条件的奖励（performance-contingent rewards）。前者是根据执行任务与否而非表现好坏所给予的奖励，即只需要完成任务即可获得奖励；后者是根据表现好坏给予奖励，这种奖励不大可能减少人们对活动的兴趣，但可能带来被评价时的忧虑与不安。

1.4.3 多维学术观理论

大学教师的工作应该包含哪些部分？人们常常会不假思索地说出教学、科研和社会服务。教学源于中世纪大学的古老传统，学生千里迢迢赶来，聚集于大学之中，是为了学习前人发现的知识，而教师的主要任务也是将既有的知识传递给学生。1809 年，德国的威廉·洪堡借鉴哈勒大学和哥廷根大学的经验，提出要将"教学和科研统一"，提倡创造新知识是大学教师最重要的工作。1862 年，美国颁布《莫里尔法案》，要求赠地学院"在不排除其他科学和古典学科并包括军事战术学科的情况下……教授与农业和工艺有关的学科，从而促进生活中各行业的工人阶级的文理和实用教育"[①]。这一事件为大学教师增添了一项新的工作职能——社会服务。

那么，在大学教师的这三项工作职能中，哪一项工作应该占用最多的时间呢？斯坦福大学前校长唐纳德·肯尼迪（Donald Kennedy）表明立场："教学是高等教育工作的重中之重。"[②] 美国学者弗莱克斯纳、德国学者雅斯贝尔斯、英国学者贝尔纳等人一致认为，科研应该是教师最主要的工作，"杰出的研究者是公认的富有责任感而善于启发学生的教授"[③] "教学要以研究成果为内容"[④]"让研究控制教学、以科研作为教学方法"[⑤]。1904 年，美国著名教育学家查尔斯·范海斯（Charles R. Van Hise）出任威斯康星大学校长，大大推进了大学的社会服务功能。他在就职演说中首次提出"威斯康星思想"："由州所资助的大学应致力于无疆界的知识探索及社会服务，以满足全州人民及其子

① 王英杰. 美国高等教育的发展与改革 [M]. 北京：人民教育出版社，1993：20.

② KENNEDY D. Stanford in its second century [J]. Stanford University Campus Report，1990（11）：17-18.

③ 亚伯拉罕·弗莱克斯纳. 现代大学论美英德大学研究 [M]. 徐辉，陈晓菲，译. 杭州：浙江教育出版社，2001：279.

④ 卡尔·雅斯贝尔斯. 时代的精神状况 [M]. 王德峰，译. 上海：上海译文出版社，1997：95.

⑤ J. D. 贝尔纳. 科学的社会功能 [M]. 陈体芳，译. 北京：商务印书馆，1985：346.

女不同趣味和态度的需要。"① 虽然不同的学者有其侧重的一面，但是当前随着社会的进步和国家的发展、学术奖惩制度的变化、教师个人职称评定的需要，科研成为大学教师首要的和最基本的职能，而教学和社会服务变成了派生功能。在这种主流观点下，想要成为学者就要成为一名研究人员，自然而然地，出版专著和发表文章的数量就成为评价学术生产力的主要量尺②。那么如何平衡教学与科研的关系呢？是不是我们应该将某些教师定位为研究者，而将另外一些教师定位为专职授课人员呢？同时，怎样合理地评价学者从事的繁杂的工作呢？博耶（Boyer）认为，回答这些问题的前提是要摆脱在教学、科研、社会服务这三者之间排序的观点。这样等级式划分本身就有失偏颇，也会对理解教师的学术工作造成局限性，不利于教师的学术职业发展。因此，博耶提出用广义的"学术水平"（scholarship）来替代"科研"，把学术内涵进行了扩展，以更加全面准确地描述大学教师的学术职业。博耶提出"多维"学术观，分别是发现的学术、综合的学术、应用的学术以及教学的学术。

1.4.3.1 发现的学术

发现的学术（scholarship of discovery）与学者们口中常说的"研究"有着非常类似的含义。对"高深知识"的探究本身就是大学区别于其他教育机构的重要任务，而探究的自由是高深知识学习的核心。因此，发现的学术就是对处于学术追求中心的学科和专业知识的探求。无论对哪一个学科而言，探究的精神都是学术生命的核心。发现的学术不仅有助于发现和积累知识，还会对教师产生智力上的激励。发现知识的活动能够满足大学教师的求知欲，满足人类对未知事物的好奇心。大学教师通过在各个具体的学科的研究来挖掘新的学科知识，从而积淀成为人类宝贵的经验。此外，发现的学术有助于在整所学校营造一种充满生机的创造气氛，最终实现人类科学技术的进步。探究精神对学术界甚至对全世界都是非常宝贵的，大学应该责无旁贷地承担这个责任，努力培养和保护对知识的探索精神。

1.4.3.2 综合的学术

综合的学术（scholarship of integration）主要是针对学科门类越分越细、日渐分化的现象提出的。博耶提出综合的学术就是提倡研究不能局限在一个学

① WALLENFELDT E C. Roots of special interests in American higher education: A social psychological historical perspective [M]. University Press of America, 1986: 141.

② ERNEST L BOYER. Scholarship reconsidered: Priorities of the professoriate [M]. Princeton: Princeton University Press, 1990: 2.

科，而要在各学科之间建立联系，到更为广阔的外部环境去探究专业化的知识，将自己或他人的研究融合进更大的学术研究模式中①。这也是对学者自己的研究进行一个检验，同时与学术领域的新进展保持一致，保障高质量的教学。从学术的发展趋势看，跨学科的合作、综合性的研究已经成为一些学者的重要工作内容。各学科之间本身就存在着联系，知识一开始是一个整体，后来因为人类社会的各种需要被逐渐细化成了多个学科，因此也就不存在绝对独立的学科探索了。

1.4.3.3　应用的学术

应用的学术（scholarship of application）是基于"应用知识"的观点。知识一旦被发现，应当将其进行转化从而运用到现实生活中。应用的学术类似于学者传统意义上的"社会服务"工作，但不完全相同。将"服务"看成学术的一部分，前提是必须从事与个人的专业知识紧密相关的服务工作。也就是说，服务是基于学者的专业性的活动或直接源于自己的专业性活动。这是因为"服务"活动并非是单向的，学者在活动过程中向他人提供帮助的同时，也能收获有助于个人专业发展的理论和实践，帮助学者验证和修正理论，同时发展新的理论。这种双向的学术应用能使人变成"反思的实践者"。

1.4.3.4　教学的学术

教学的学术（scholarship of teaching）将教学提到了学术高度。教学的学术有别于普通教学活动，是指有助于某个学习过程的知识的探究。教学工作是基于教师对自己专业领域知识的理解而进行的传授，这个理解的过程本身就是一种研究。教学的学术本质上讲是进行知识传播的活动，被传播的知识部分来自最新的研究成果，部分是先辈们传承下来的宝贵经验。教学的学术强调学习者的作用，因为教学工作不但能够教育年轻的学子，引导他们中的一些人成长为未来的学者，而且能够通过类推、比喻和想象这些能动的过程来搭建教师理解和学生学习之间的桥梁。博耶指出，为了将研究转化为教学的学术，让大家都了解自己的研究而开展同行评估和讨论，建立一种"创造性合同"的模式，以此体现职业道路的灵活性和个体差异，同时整合和拓展学术内涵②。

---

① ERNEST L BOYER. Scholarship reconsidered：Priorities of the professoriate ［M］. Princeton：Princeton University Press，1990：15-25.

② ERNEST L BOYER. Scholarship reconsidered：Priorities of the professoriate ［M］. Princeton：Princeton University Press，1990：15-25.

1.4.4　学术心流体验

米哈里·契克森米哈赖（Mihaly Csikszentmihalyi）在《心流——最优体验心理学》一书中说，心流是一个人完全沉浸在某种活动当中，无视其他事物的存在的状态①。构成心流体验的要素有以下几点：工作、专注、明确的目标和反馈、深度投入、自由控制行动、忘我的状态。米哈里·契克森米哈赖强调通过控制自己的意识去获得真正的幸福，做事的时候不要在乎能给自己带来多大的利益，而是专注于做这件事本身，从中获得乐趣。

"求生，尤其是在一个复杂的社会中求生，绝对有必要为实现外在目标暂时牺牲一时的满足，但不必因此而成为傀儡。最好的办法是不以社会奖赏为念，试着以自己所能控制的奖赏取而代之。但这并不代表我们必须完全放弃社会认可的每一项目标；相反，我们要在别人用以利诱我们的目标之外，另行建立一套自己的目标。从社会制约下解放自我，最重要的步骤就是时时刻刻发掘每一事件中的反馈。如果我们学会在不断向前推进的体验中找到快乐与意义，社会制约的负担就会自动滑落。当奖赏不再受外在力量管制时，权力就回到了个人手中。"② 社会制度是为了实现对人的控制，利用人的生理和心理需求，让人不知不觉地陷入对政策奖励的垂涎和对政策惩罚的惧怕，因此不断地追求政策的奖励，按照政策规定的方向去行动，避免惩罚的内容。对于青年教师而言，学术社会化是必须的，但是他们必须摆脱制度的外部制约，让内在的心流体验成为学术生活的主要奖赏，这样就不会为求而不得的奖赏受尽折磨，也不会在政策目标达成后迅速陷入目标虚无状态。

爱因斯坦认为有三种类型的人可能会在科学的殿堂里有所成就：一是智力超优的个体，二是把科学研究作为享受的个体，三是厌倦了世俗生活转而在科学的殿堂里寻找净土的个体。青年学者进行科学研究时，如果要获取长久的动力，其目标应该由外奖机制逐渐转移为内奖机制，因为如果目标来自外界的物质或名利的话，这些奖励在提供了诱惑的同时，也设定了控制失效的边界，这些目标达成后的下一步动力来自何处？这些目标无法达成的失落该如何调适？因此，政策激励应该逐渐将对青年教师的外奖机制转移到青年教师的内奖机

---

① 米哈里·契克森米哈赖. 心流：最优体验心理学［M］. 张定绮，译. 北京：中信出版社，2017：67.

② 米哈里·契克森米哈赖. 心流：最优体验心理学［M］. 张定绮，译. 北京：中信出版社，2017：84.

制，即学术动力来自学者本身内心秩序建立的需要——对未知世界探索时的好奇求知欲以及对紊乱模糊的不可容，想要重建内心秩序，在寻求内心秩序的过程中体会自我成长、自我控制、目标达成和知识负熵的达成。学术幸福感则是学术目标达成后的副产品，是追求目标过程中在忘我状态下产生的心流——最优心理体验。

韦伯在《学术与政治》中把学术称为一种"志业"，其原意中包含着"召唤"（calling）的含义。"志业"已经超越单纯的谋生手段，是一种听从神圣的召唤、信仰和使命的精神活动，是一种理性化、理智化、不计功名、为学术而学术的精神科学。韦伯在对青年学者寄语学术的意义中告诫立志从事学术工作的年轻人要心存对学术的志向、对学术的热爱和激情，这才是真正的学者的人文气质。韦伯认为，学术具有三种价值：第一，学术具有实用价值，帮助人们通过证据和逻辑分析有效地理解自己的处境，权衡利弊，控制行为；第二，学术提供思想方法；第三，学术使人头脑清明，只有具备了这种清明，学者才能获得内心的一致性和完整的人格。

因此，青年学者保持学术热情的长久动力源在于把学术作为听从真理召唤的志业，保持学术幸福感的要领在于在追求真理的忘我过程中产生最优心理体验——学术心流。这是一种可以长久保持的学术内驱力。

1.5　研究思路与研究方法

1.5.1　研究思路

本书的研究以演化博弈论为主要理论基础，以组织激励理论、需求层次理论、多维学术观理论和学术心流理论为辅助理论；通过量化研究得出高校青年教师面对的学术生态是怎样的，通过质性研究得知为什么会呈现这种学术生态；在理论基础、量化研究和质性研究的基础上，计算各类学术组织的支付矩阵和比例临界点，求解演化稳定性，作出学术生态演化博弈图，提出路径优化策略，并依此构建可持续发展的学术生态模型。本书的研究思路如图1-3所示。

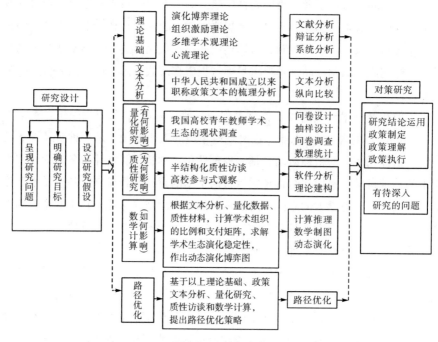

图 1-3　研究思路

1.5.2　研究方法

（1）文本分析。本书对中华人民共和国成立以来国家级、省部级以及校级三个层面的职称政策文本进行分析，归纳提炼政策文本中职称政策变迁的特点，并制作出相应的变迁图。图形以时间为横轴，相关指标为纵轴。

（2）问卷调查与数理统计。本书以我国北京、上海、湖北、四川、重庆、辽宁等地区"985 工程"建设大学、"211 工程"建设大学的青年教师为调查对象，共发放调查问卷 1 000 份，采用因子分析、独立样本 T 检验、回归分析等统计分析方法揭示我国高校青年教师学术生态的现状及影响因素。

（3）深度访谈与案例研究。本书选取"985 工程"建设高校、"211 工程"建设高校的 15 名青年教师进行深度访谈，运用质性分析软件对深度访谈的研究资料进行编码分析和理论建构，了解我国青年教师职称与学术生态的现状、存在的主要问题、原因及可行的改进措施。

（4）计算推理。本书通过计算高校青年教师学术组织当前的演化朝向和良性发展的比例临界点，作出学术生态演化博弈图；通过探索不同条件下系统的行为特征，解释复杂系统动态演化的内在机制；在理论研究、调查研究、质性研究、计算制图和建模的基础上，提炼出高校青年教师学术生态的核心因素、因素间的相互关系及制动路径，归纳出多元均衡动态演化博弈影响机制，并提出路径优化策略。

1.6 研究价值与创新

1.6.1 本书的研究价值

（1）本书的理论价值。本书以演化博弈论为主要理论依据，以需求层次理论与组织激励理论、多维学术观理论和学术心流理论为辅助理论，有效融合现代数学、管理学、心理学、教育学四个学科的理论，厘清学术取向的边界，提炼高校青年教师学术生态的动态演化博弈影响机制，尝试性构建可持续发展的高校青年教师学术生态模型，提出路径优化策略。

（2）本书的实际应用价值。本书所分析的相关职称政策文本时间跨度为1898—2020年，研究问题来自现实情景中的不合理现象，以全国范围内高校青年教师为样本进行抽样调查，所得到的调研数据具有代表性。质性研究从小型个案中见微知著，讨论高校青年教师学术取向的影响机制，并依此构建演化博弈模型，提出对策建议，供相关人事部门、教育部管理部门以及高校参考。

1.6.2 本书的研究创新

本书的创新之处在于研究结果中的以下三点发现：

第一，本书通过计算作出高校青年教师学术生态的动态演化博弈图，找到良性发展的比例临界点为60.7%，得知当前功利型青年教师的比例是63%，处于临界点右侧。这表明中国高校青年教师的学术生态纳什均衡已经被入侵，呈现向功利型方向收敛的趋势，故此提出应着力提高理想型青年教师占比的建议。具体措施是基于P-P模式的消极路径优化——控制自发演进导致的无效均衡和积极路径优化——引导从惯例到规范的演化以学术志业为内驱力。

第二，学术创新对学术幸福感的解释力度最大。

第三，学术风气"非常差"的高校对青年教师学术生态的影响最大。

2 职称政策变迁分析

　　1898 年，清政府创建了京师大学堂，这是中国近代意义上的第一所新式大学。京师大学堂成立之后，清政府颁发《钦定京师大学堂章程》《钦定大学堂章程》等，将大学教师的职务分为总教习、副教习和教习。1911 年，辛亥革命爆发。1912 年，中华民国临时政府成立，中国结束了几千年的封建专制统治，走向新的社会发展阶段。1912 年 10 月，中华民国教育部颁布《大学令》，其第十三条规定"大学设教授、助教授"，第十四条规定"大学遇必要时得延聘讲师"①。我国现代高校教师的职务制度上第一次出现了"教授"和"讲师"。1926 年，国民政府颁布《国民政府对于大学教授资格条例之规定》，详细规定大学教师的职务名称分为四等，即教授、副教授、讲师、助教，并规定了各级教师职务的任用资格②。1940 年颁布的《大学及独立学院教员资格审查暂行规程》和《大学及独立学院教员资格审查暂行规程施行细则》以及 1948 年颁布的《大学法》，从大学教师的职务名称、资格审查条件、聘任方式与程序等方面对大学教师职务的确认和晋升做了详细的规定，是中国近现代高校教师职称政策体系的源头。

　　1949 年，中华人民共和国成立，高校教师的职称政策经历了曲折的发展过程。对于当代中国高校职称政策的演变历程的划分，国内学者存在多种观点，如刘献君的三阶段论③、叶芬梅的四阶段论④、赵庆典的五阶段论⑤以及

①　宋恩荣，章咸. 中华民国教育法规选编（1912—1949）［M］. 南京：江苏教育出版社，1990：403.
②　邓小林. 民国时期国立大学教师聘任之研究［D］. 成都：四川大学，2005：52.
③　刘献君. 中国高校教师聘任制研究：基于学术职业管理的视角［M］. 北京：科学出版社，2009：90-97.
④　叶芬梅. 当代中国高校教师职称制度改革研究［M］. 北京：中国社会科学出版社，2009：114-136.
⑤　赵庆典. 我国高校教师职务制度 50 年回顾与展望［J］. 江苏高教，2000（2）：93-95.

徐美华的六阶段论①，不同的观点主要是对国家政策出台前后的时间节点在阶段划分上有所差异。本书在以往学者的研究基础上，根据高校教师职称政策变迁过程中改革的加深进度，把我国高校教师职称政策变迁的历史过程划分为沿用旧制期、初建探索期、改革试点期和改革深化期。

2.1 1949—1959 年：职称政策沿用旧制期

1949 年，中华人民共和国成立之初，百废待兴，经济基础薄弱，社会发展千头万绪，政府无暇顾及高校职称政策的建构，因此并未就有关教师职称晋升问题进行规范管理，大学教师的晋级工作也未开展，各高校教师职务的等级基本沿用民国时期的教师职务等级旧制。20 世纪 50 年代，国家针对高校职务晋升发布许多通知、办法、补充规定和修正意见等，见表 2-1。

1954 年，《关于教师升等及干部管理问题》文件规定，只能办理助教升讲师，其他职称晋升处于停滞状态。1955 年，《关于修订教师升等问题的补充通知》将职称晋升范围扩大到副教授，并规定了助教升讲师、讲师升副教授的具体条件，包括资历学历和教学科研的要求，同时对晋升审批手续进行了说明，助教升讲师只需学校校长批准，讲师升副教授需提交高教部②审查批准。1956 年，《关于高等学校升等问题的几项补充通知》对教授的晋升条件进行了明确的规定，担任副教授职务四年以上、纯熟掌握一切教学方式、在教学和科研工作中有显著成就和贡献、从实际工作中表明确能胜任教授职责范围内的各项工作可申请教授。对于学术成就突出者，可不受年资限制，破格晋升。文件对于教授晋升程序也进行了说明，教授晋升程序是系务委员会审查、鉴定、提名并向院务委员会推荐，学校再聘请高水平教授、专家进行审查并获得有关教师和单位意见，然后校务委员会讨论并采用无记名投票方式表决，最后学校填写提升教授、副教授学衔呈报表，连同申请者全部学术著作，报高校部审批。1956 年，《关于教师升等问题的几点补充规定、说明》指出，对新回国的缺乏教学相关条件的留学生和不具备科研条件的讲师，如果已具有副教授其他条件，可以考虑晋升副教授，但学校应积极帮助其弥补不足，但是对于教授职称的晋升，条件应严格掌握。

①　徐美华. 中国高校教师称评审制度的变迁 [J]. 航海教育研究，2007（1）：34-35.

②　中华人民共和国高等教育部简称高教部，于 1952 年 11 月成立，1958 年 2 月合并入教育部，1963 年又分设，1966 年再次并入教育部。

表 2-1　20 世纪 50 年代有关高校教师职务晋升的主要文件①

时间	文件名称	文件主要内容
1954 年	《关于教师升等及干部管理问题》	只能办理助教升讲师，由校长批准，报各大区行政委员会备案并抄报高教部；讲师升副教授、副教授升教授一般不予办理，遇特殊情形可由大区行政委员会批准并报高教部备案
1955 年	《关于修订教师升等问题的补充通知》	（1）将晋升范围扩大到讲师升副教授。 （2）规定各等级晋升标准。 助教升讲师的条件如下： ①担任助教三年以上者；或者经过研究生毕业考试合格并担任助教职务在一年以上者；或者学习，经结业考试及格，并担任助教职务二年以上者。 ②在担任讲师职责范围内的教学工作和科学研究工作中表现确能胜任讲师职务者。 讲师升副教授的条件如下： ①担任讲师职务三年以上者。 ②在担任副教授职责范围内的教学工作和科学研究工作中表现确能胜任副教授职务者。 （3）规定从其他部门转入高等学校任教的确定等级的原则：暂时给予教员名义；工作一年后依据其科研水平和能担任的教学工作确定相当的教师职务。 （4）规定晋升审批手续：助教升讲师，本人申请→教研组审查通过或由教研组提出系主任同意→提交校务委员会审查→校长批准。讲师升副教授，按照上述讲师的程序，校长同意后，报高教部，征得该校主管部门同意并由高教部同意后由高教部审查批准
1956 年	《关于高等学校升等问题的几项补充通知》	中央决定在学衔条例颁布以前办理一次提升教授工作，限定上报时间为 1956 年 6 月。 教授晋升条件：担任副教授职务四年以上、纯熟掌握一切教学方式、在教学和科研工作中有显著成就和贡献、从实际工作中表明确能胜任教授职责范围内的各项工作。学术成就突出者，可不受年资限制。 教授晋升程序：系务委员会审查、鉴定、提名并向院务委员会推荐→学校聘请高水平教授、专家进行审查并获得有关教师和单位意见→校务委员会讨论并采用无记名投票方式表决→学校填写提升教授、副教授学衔呈报表，连同申请者全部学术著作，报部审批。 担任教员一年还尚难确定适当学衔的，可以继续维持教员名义；在已有充分了解或可靠根据情况下，从其他部门转入高校任教的教师未满一年内可提前确定学衔

①　叶芬梅. 当代中国高校教师职称制度改革研究 [M]. 北京：中国社会科学出版社，2009：116-117.

表2-1(续)

时间	文件名称	文件主要内容
1956 年	《关于教师升等问题的几点补充规定、说明》	对讲师、副教授的条件又做了详细说明,并指出对已具有副教授其他条件,唯提交不出学术著作或论文的讲师和已有一定科学成就,但缺乏教学经验的新回国留学生,可以考虑晋升副教授,但学校应积极帮助其弥补不足。同时强调教授条件应严格掌握。 专科毕业生由助教升讲师,在年限上要求在高等学校学习和任助教年限合计应在七年以上,个别也不得少于六年。 升讲师不再需要报高教部。 体育、俄文及其他基础课教师升等,暂不办理副教授、教授晋升。 提升学衔应按照批准机关批准日期算起,不能追算
1956—1957 年	各种通知、文件、意见等	关于恢复学衔的含义;关于专科毕业生新分配到大学定位实习助教名义的办法;关于体育教师晋升为副教授、教授学衔的条件和办法。主要是针对教师升等工作遇到的具体问题作出具体的规定

在此阶段中有一个关于学衔的"插曲"。20 世纪 50 年代中期,国家为解决职务晋升过程中职务名额有限的问题,学习苏联的学衔制度,建立用学衔的荣誉称号来标识高校教师的学术水平和技术水平。1954 年,国家专门成立"学衔问题研究小组",在苏联专家的协助下拟定《中华人民共和国高等学校教师学衔授予暂行办法的草案》,1956 年拟定《高等学校学衔条例》。后来,国内专家认为:"学衔与职务名称在高等学校和科研机构中的实施是一回事,又都是评价学术水平和业务能力的称号;强加区别,名堂多了反而混淆视听,不起好作用,不同意建立学衔制度。"① 学衔由于没有与工资、福利待遇等挂钩,且没有与职务区分,没有起到实际作用,学衔制度最终以流产告终。自此以后,中国高校没有出现学衔的概念,也没有实行学衔制度。

由表 2-1 及其分析可知,各规章制度之间缺乏系统设计,连续性不强,甚至有的内容相互冲突,致使高校教师职务晋升在执行中遇到诸多困难。20 世纪 50 年代末,中央暂停高校教师职务晋升工作。

---

① 曾绍元. 中国高等学校教师队伍建设和发展 [M]. 北京:航空工业出版社,1996:138-139.

2.2 1960—1985年：职称政策初建探索期

1960年，国务院出台《关于高等学校教师职务名称及其确定与提升办法的暂行规定》《关于执行〈关于高等学校教师职务名称及其确定与提升办法的暂行规定〉的实施办法》和《关于高等学校教师职务提升工作的通知》，这三个文件为高校教师职称政策奠定了基础框架，标志着高校职称政策形成初步的体系。文件对职称有了明确的规定：高校教师确定为助教的，只须经校务委员会批准即可；确定或提升为讲师的，除学校校务委员会批准外，还须要报省级教育管理部门备案；确定或提升为副教授的，须经过学校校务委员会通过，并报省级教育管理部门备案；确定或提升为教授的，须经过学校校务委员会通过，报省级教育管理部门，并最后核转教育部批准。

1966—1976年，高校教师职称政策处于停滞状态。

1977年，高校的教学科研活动逐步恢复正常，高校教师的职称政策得以恢复。邓小平同志于1977年提出要恢复知识分子的职称，"大专院校也应恢复教授、讲师、助教等职称"。教育部于1978年向国务院提交《关于高等学校恢复和提升教师职务问题的请示报告》，建议恢复执行国务院于1960年出台的《关于高等学校教师职务名称及其确定与提升办法的暂行规定》，并获得批准。该报告与1960年的文件内容基本一致，但有两点变化：一是审批机构由原来的校务委员会改为校党委，二是教授的批准权由原来的教育部批准改为由省、直辖市、自治区批准，报教育部备案。

之后，国家相关部门通过会议制定各类政策文件指导高校教师的职务晋升工作。教育部于1979年发布《关于实行高等学校教师职务及考核的暂行规定的通知》，明确各级教师职务的考核办法。1981年，教育部发布《关于实行高等学校教师工作量制度的通知》，详细规定各级教师工作量及其计算方法（详见表2-2）。

表 2-2 1960—1985 年相关部门各类指导职务晋升的政策文件

时间	文件名称	文件主要内容
1960 年	《关于高等学校教师职务名称及其确定与提升办法的暂行规定》	高校教师职务名称定为教授、副教授、讲师、助教。 各教师职务的提升应以思想政治、学历学识、业务水平、工作实绩、外语水平等方面的能力水平为主要依据，同时兼顾教历和教龄。 规定了职称提升的程序，并对教师职务的取消或撤销问题进行说明
1978 年	《关于高等学校恢复和提升教师职务问题的请示报告》	恢复高等学校教师的职称制度，原来已经是教授、副教授、讲师、助教职务的，恢复职称，不用重新申报。在评审教授和副教授职务时要把群众中有威望、学术上有成就的优秀教师提升起来。对少数有重大发明创造的教师可以越级提升
1979 年	《关于实行高等学校教师职务及考核的暂行规定的通知》	明确各级教师职务的考核办法
1981 年	《关于实行高等学校教师工作量制度的通知》	详细规定各级教师工作量及其计算方法
1982 年	《关于当前执行〈国务院关于高等学校教师职务名称及其确定与提升办法的暂行规定〉的实施意见》	进一步明确各级教师标准，如思想政治条件和业务条件，规范评职工作，明确提升程序，严格规定各级高校教师职称的审批权限
1982 年	《关于印发〈获得硕士、博士学位研究生确定职称的暂行办法〉的通知》	对获得与未获得学位研究生的定职作出具体规定
1982 年	《科学技术干部技术业务职称评定委员会组织办法》	对考核评定技术业务职称的评审组织，即评定委员会的建构、成员的选拔和任用以及进行职称评定的程序、规则和方式作出具体规定
1983 年	《关于整顿职称评定工作的通知》	指出当时职称政策存在的问题，如评审标准不具体、评定范围人为扩大、助长争名夺利之风等，并暂停全国专业技术人员的职称评定工作

由表 2-2 不难看出，1977 年恢复高校教师职称政策后，各类政策文件频频下发，其主要原因是 1966—1976 年，包括职务晋升在内的高校管理的各项工作遭到严重的破坏，高校教师的权利和社会地位受到冲击。在此背景下，国家要落实知识分子政策，改善知识分子的待遇和提升知识分子的社会地位，增强知识分子在科技发展和经济建设中的责任感与积极性，但是也正因为如此，1977—1986 年，高级职务教师的人数呈几何倍数增加①，出现了一定程度上职称评定的"滥评"现象。1983 年，中央发出《关于整顿职称评定工作的通知》，指出当时的职称政策及相关工作存在以下问题：第一，职称评定缺乏基本制度和国家层面的总体规划，评审标准不具体，没有统一的领导，审批权限不一致。第二，人为地扩大了职称评定的范围，把本来只与学术相关的职称评给了实际上并没有从事学术工作的人员，从而使相当一部分获得职称的人名不副实。第三，增加了职称的功能，把职称同高等学校教师的工资级别、生活福利和政治待遇联系在一起，助长了部分单位和个人通过职称评定来争夺名利的不正之风。鉴于此，中央决定 1983 年暂停全国专业技术人员的职称评定工作。

2.3　1986—1999 年：职称政策改革试点期

　　前已述及，为了快速恢复高校知识分子的政治地位和工资待遇，职称政策的出台显得仓促，并呈现冒进的倾向。1983 年，中央出台《关于整顿职称评定工作的通知》。1984 年，上海交通大学、北京工业大学等学校开始试点教师职务聘任制，强化教师的责任。上海交通大学规定各类教师都要有工作数量和质量的要求，并每年进行考核，在一定年限内如果助教、讲师、副教授不能提升职称，原则上应该调离原岗位。在试点的基础上，国务院于 1986 年发布了一个纲领性文件《关于实行专业技术职务聘任制度的规定》和三个改革文件《高等学校教师职务试行条例》《关于〈高等学校教师职务试行条例〉的实施意见》《高等学校教师职务评审组织章程》（详见表 2-3）。这些文件规定了实施高校教师职务聘任制度的基本框架。第一，明确高校教师岗位是根据其在学校所承担的教学、科学研究等任务所设置的工作岗位。高校中的教师职务设为助教、讲师、副教授和教授四个等级。各级职务实行聘任制或任命制，并设置

---

　　①　中华人民共和国教育部计划财务司编制的《中国教育成就统计资料》（1949—1983）和国家教育委员会计划建设司编制的《中国教育成就统计资料》（1986—1990）数据显示，1977 年，教授达 2 288 名，副教授达 3 531 名；1985 年，教授达 4 674 名，副教授达 28 606 名。

明确的岗位职责、任职条件和任期。第二，明确各教师职务的职责和任职条件。第三，明确高校教师职务评审及聘任的基本程序。第四，规定高校教师职务任职资格评审组织、评审主体的构成与职责及其职权范围以及评审活动的程序。1989年，《关于对专业技术职务评审聘任工作进行复查的通知》要求在完成首次专业技术职务聘任后对工作中存在的问题进行复查。之后，首次专业技术职务评聘后，进行全面复查和总结经验，完善职称评定政策，推进职称政策改革进入规范化阶段。

1990年，《企事业单位评聘专业技术职务若干问题暂行规定》出台。相比于上一个阶段中国高校职称制度的基础框架，这个阶段的高校教师职称制度内容更加丰富、完整，更具系统性。该规定主要包括以下内容：第一，强调统一的领导。全国的职称制度改革工作、专业技术职务的聘任工作，是在国务院的统一领导下，由人事部①负责指导、组织和协调。各级单位和部门要坚决执行统一制定的政策和评聘的标准。第二，要求科学合理地设置专业技术岗位。各地区及各部门要认真总结在第一次评聘工作中的经验和不足，检查、督促、指导所属企事业单位在国家批准的人员编制、职务数额和工资总额内，按照职位分类原理，根据工作需要设置和调整专业技术岗位，明确岗位职责。第三，评聘专业技术职务必须严格坚持该暂行规定所规定的能力、业绩、资历、学历和外语水平等条件。不符合该条例规定和自行扩大范围、放宽条件、降低标准的有关文件、实施意见以及细则等，一律停止执行。高校要结合实际情况，坚持正确的政策导向，引导教师做好本职科研工作，注重工作成绩，不搞论资排辈，努力为优秀中青年人才的脱颖而出创设条件，不拘一格选拔人才。该暂行规定，对于不具备规定的学历、资历、外语等条件，但是的确有真才实学、成绩显著、贡献突出的教师，可以视具体情况破格评聘。第四，职称评审委员会的组建和运作规则。职称评审委员会应该由在本专业有较高学术水平的专家组成，职称评审工作每年举行一次，职称评审委员会成员应遵守职业道德，秉持公开、公正、公平的原则。当评委本人或其亲属参加专业技术职务评审时，实行该评委回避的制度。职称评审实行考试、考核、答辩、评审相结合的评审方法。《企事业单位评聘专业技术职务若干问题暂行规定》涉及专业技术职务聘任的各方面，包括评聘组织、评聘程序、考核和监督机制、岗位设置、职务配额以及特殊情况的处理，内容相对比较全面系统。根据该暂行规定，教育部于

---

① 中华人民共和国人事部，即人事部，于1988年4月组建。2008年3月，根据第十一届全国人民代表大会第一次会议审议通过的《国务院机构改革方案》，组建人力资源和社会保障部，不再保留人事部。

1991 年出台《关于高等学校继续做好教师职务评聘工作的意见》，对高校教师职务评聘的组织领导、评聘组织及权利、岗位的核定与管理、评审标准及办法、教师职务考核、聘任期限、职务与工资待遇的关系、评聘监督等提出具体要求。此后，高校教师职务评聘工作每年开展一次，步入正常化发展阶段。

表 2-3　1986—1998 年相关部门职称政策文件

时间	文件名称	文件主要内容
1986 年	《关于实行专业技术职务聘任制度的规定》《高等学校教师职务试行条例》《关于〈高等学校教师职务试行条例〉的实施意见》《高等学校教师职务评审组织章程》	（1）明确高校教师岗位是根据其在学校所承担的教学、科学研究等任务所设置的工作岗位，并明确规定助教、讲师、副教授、教授四个级别的职责、任职条件和任职期限。（2）明确高校教师职务聘任程序。（3）规定高校教师职务评审组织、评审人员和评审程序
1990 年	《企事业单位评聘专业技术职务若干问题暂行规定》	（1）评聘程序、规则和方式方法，包括岗位设置、调整、评定条件和思想、学历、资历、能力、业绩等方面的标准。（2）破格晋升等特殊情况的处理等
1991 年	《关于高等学校继续做好教师职务评聘工作的意见》	对高校教师职务评聘的组织领导、评聘组织及权利、岗位的核定与管理、评审标准及办法、教师职务考核、聘任期限、职务与工资待遇的关系、评聘监督等提出具体要求
1993 年	《中国教育改革和发展纲要》	提出积极推进人事制度和分配制度改革为重点的学校内部管理体制改革，强调在合理定编的基础上，对教职工试行岗位责任制和聘任制
1994 年	《专业技术资格评定试行办法》	（1）专业技术资格是学术技术水平的标志，是聘任专业技术职务的重要依据，没有岗位和数量的限制，并且不与工资待遇挂钩。（2）对专业技术资格评定的组织、申请、审核和评定程序等进行规定

2.4 1999—2020 年：职称政策改革深化期

20 世纪 90 年代初，以政府为主导发起高校内部管理体制改革的试点工作，其中人事制度和分配制度是核心，南京大学、清华大学等分别成为试点单位。20 世纪 90 年代末，随着计划经济体制转向市场经济体制，高等教育面临国际化竞争的挑战和社会公众对高等教育绩效的要求，教育部于 1999 年出台《关于当前深化高等学校人事分配制度改革的若干意见》，提出要转换机制，强化岗位聘任，打破平均主义，破除职务终身制，形成竞争机制，淡化身份评审。2000 年，中组部、人事部和教育部三部门联合出台《关于深化高等学校人事制度改革的实施意见》，明确了全面推行聘任制，要求理顺评审和聘任的关系，淡化评审，强化聘任。该实施意见的主要内容如下：

（1）按照"按需设岗、公开招聘、平等竞争、择优聘任、严格考核、合约管理"的原则全面推行聘任制。

（2）从具有教师资格的人员中聘用教师，理顺评审和聘任的关系，淡化"身份"评审，强化岗位聘任。

（3）根据"效率优先，兼顾公平"以及"生产要素参与分配"的原则，探索建立以岗定薪、按劳取酬、优劳优酬、以岗位工资为主要内容的校内分配办法。教职工的工资收入与岗位职责完成情况、工作业绩情况、所产生的社会效益和经济效益等直接挂钩政策向关键岗位和优秀人才倾斜，充分发挥工资的激励功能。

（4）根据教学和科研的实际需要，高薪聘用优秀拔尖人才，努力实现一流人才、一流业绩和一流报酬的对应。

在这个实施意见的基础上，各高校纷纷进行改革。上海大学于 2002 年正式出台《上海大学教师职务聘任条例》，取消教师、科研等五个系列专业技术职称的评审，按照岗位职责和任职条件分级聘任；北京大学于 2003 年出台《北京大学教师聘任和职务晋升制度改革方案》；中山大学于 2003 年出台《中山大学教师编制核定、职位设置与职务聘任规程》。2009 年，重庆市出台《重庆市职称改革办公室关于深化职称制度改革的若干意见》，以较大篇幅对完善职称评定条件进行说明，要求将完成基本工作量作为必要条件，分层分类调整完善论文条件，鼓励技术创新及成果转化，引导专业技术人才服务基层。为引进高级人才，重庆市随后印发了《重庆市海外留学回国人员专业技术职务任职资格认定办法》的通知，打破论资排辈，海外博士后出站、海外博士且在海外工作 2 年以上、副教授在海外工作或学习 3 年等均具备申报教授的条件，海外博士且在海外工作 1 年以上等都具备申报副教授的条件。2010 年，《重庆市特殊人才高级专业技术资格认定办法（试行）》对于重庆市企事业单位中虽不具备国家规定的各系列申报高级专业技术资格有关学历、资历、外语、计算机水平、论文要求等条件，但确实有真才实学和能力、业绩突出、业内和社会认可的人员，不拘一格选拔人才。同年，《重庆市博士后研究人员专业技术资格认定办法（试行）》对于重庆市的博士后科研流动站在站研究人员以及重庆市内单位接收的出站博士后研究人员申报专业技术资格设立了专门的认定办法，进站从事研究满一年、业绩突出即可申报副高级专业技术资格，出站后满 3 年、业绩突出即可申报正高级专业技术资格。此外，重庆市职称改革办公室为适应分类评价的要求，分别下发了《重庆市高等学校教师外语学科高级职务任职资格申报评审条件（试行）的通知》《重庆市高等学校教师艺术学科高级职务任职资格申报评审条件（试行）的通知》《重庆市教育系统研究系列专业技术职务任职资格申报条件（试行）的通知》等文件，对高校教师中的外语学科、艺术学科、以研究为主的教师的专业技术职务任职资格进行了分类要求。

2017 年 1 月，中共中央办公厅、国务院办公厅印发了《关于深化职称制度改革的意见》①，要求职称制度立足服务人才强国战略和创新驱动发展战略，坚持党管人才原则，遵循人才成长规律，把握职业特点，以职业分类为基础；科学分类评价专业技术人才能力素质，合理设置职称评审中的论文和科研成果条件，不将论文作为评价应用型人才的限制性条件；创新职称评价机制，丰富职称评价方式，拓展职称评价人员范围，推进职称评审社会化，加强职称评审监督，促进职称评价与人才培养使用相结合，下放职称评审权限等。

2018 年 1 月，《中共中央 国务院关于全面深化新时代教师队伍建设改革的意见》指出，推动高等学校教师职称制度改革，将评审权直接下放至高等学校，由高等学校自主组织职称评审、自主评价、按岗聘任②。

2018 年，习近平总书记在两院院士大会上的重要讲话中强调："人才评价

---

① 中共中央办公厅，国务院办公厅. 中共中央办公厅 国务院办公厅印发《关于深化职称制度改革的意见》[EB/OL]. (2017-01-08) [2021-06-26]. http://www.gov.cn/xinwen/2017-01/08/content_5157911.htm#1.

② 中共中央，国务院. 中共中央 国务院关于全面深化新时代教师队伍建设改革的意见 [EB/OL]. (2018-01-31) [2021-06-26]. http://www.gov.cn/zhengce/2018-01/31/content_5262659.htm.

制度不合理，唯论文、唯职称、唯学历的现象仍然严重。"之后，中共中央办公厅、国务院办公厅在《关于深化项目评审、人才评价、机构评估改革的意见》中提出，突出品德、能力、业绩导向，克服唯论文、唯职称、唯学历、唯奖项倾向，推行代表作评价制度，注重标志性成果的质量、贡献、影响。2018年10月，科技部、教育部、人力资源和社会保障部、中科院和中国工程院印发《关于开展清理"唯论文、唯职称、唯学历、唯奖项"专项行动的通知》。

2020年7月，人力资源和社会保障部、教育部共同研究起草了《关于深化高等学校教师职称制度改革的指导意见（征求意见稿）》，提高教学业绩和教学研究在评审中的比重，克服"四唯"等倾向。该指导意见（征求意见稿）不简单把论文、专利、承担项目情况、出国（出境）学习经历等作为职称评定的限制性条件；不以科学引文索引（SCI）等论文相关指标作为评职称的前置条件和判断依据。该指导意见（征求意见稿）对国内和国外期刊发表的论文同等对待，鼓励教师多在有影响力的国内期刊发表论文。该指导意见（征求意见稿）注重科研成果的质量评价，防止简单量化、重数量轻质量，建立并实施有利于教师潜心研究和创新的评价制度①。这些意见都直指职称评审的"顽疾"。

2020年10月，中共中央、国务院印发了《深化新时代教育评价改革总体方案》，力图扭转不科学的教育评价导向，坚决克服唯分数、唯升学、唯文凭、唯论文、唯帽子的顽疾，强化人才培养中心地位，淡化论文收录数、引用率、奖项数等数量指标。在改进高校教师科研评价方面，该方案要求突出质量导向，重点评价学术贡献、社会贡献以及支撑人才培养情况，不得将论文数、项目数、课题经费等科研量化指标与绩效工资分配、奖励挂钩；根据不同学科、不同岗位特点，坚持分类评价，推行代表性成果评价，探索长周期评价，完善同行专家评议机制，注重个人评价与团队评价相结合②。该方案对高校教师科研评价方面明确提倡代表性成果评价、同行专家评议、个人评价团队评价，这会对国内高校教师的学术取向带来向好的发展动力。

本章在以往学者的研究基础上，根据高校教师职称政策变迁过程中改革力度的加深情况，把我国高校教师职称政策变迁的历史过程划分为沿用旧制期、

---

① 人力资源和社会保障部办公厅，教育部办公厅.《关于深化高等学校教师职称制度改革的指导意见（征求意见稿）》[EB/OL].（2020-07-24）[2021-06-26]. http://www.mohrss.gov.cn/SYrlzyhshbzb/zcfg/SYzhengqiuyijian/zq_zyjsrygls/202007/t20200724_380517.html.

② 中共中央，国务院. 中共中央 国务院印发了《深化新时代教育评价改革总体方案》[EB/OL].（2020-10-13）[2021-06-26]. http://www.gov.cn/zhengce/2020-10/13/content_5551032.htm.

初建探索期、改革试点期和改革深化期。从文本分析中不难发现，每个阶段的职称政策都包含了政治上、经济上和学术上的指导与约束、鞭策与激励、规范与程序。然而在不同的时代背景、不同的社会发展时期以及不同的历史阶段，在问题解决过程中，政治、经济和学术这三方面的赋权是有差异的。在沿用旧制期和初建探索期，更多是出于政治上考虑，中华人民共和国成立初期的平稳过渡是关键，政治因素的赋权比重较大；改革试点期和改革深化期的前期，更多强调了科学研究为经济发展第一生产力服务的特点，经济因素的赋权比重较大；改革深化期的后期至今的阶段，基于创新驱动发展的需要，学术因素的赋权比重更大，如何用评价更好地调动科研工作者的积极性和创造力，是当前及今后很长一段时间发展过程中需要重点考虑的。

2.5 校级职称政策变迁特征——以 A 大学为例

A 大学具备中国大学近代历程的典型特征。首先，A 大学由两所大学合并而成，其中一所大学属于部委直管，另一所大学属于省属直管；合并后的大学属于地方高校，其职称政策参照重庆市人力资源和社会保障局的规定。A 大学综合实力在重庆市名列前茅，招收学生的录取分数线主要为重点本科线和一般本科线；合并后的大学定位为教学科研型大学，以本科招生为主，硕士、博士招生为辅，具有一定的代表性。

本书以 A 大学为个案对校级层面的职称政策变迁进行阐述。在职称政策恢复初期，各高校主要是遵照国家政策和省级人事部门的相关规定执行本校教师的职称政策。

2.5.1 高校职称政策内容的变迁

图 2-1 清晰地展示了 20 世纪 50 年代以来，高校职称政策要求所包含的内容变迁过程。需要说明的是，绘图过程是首先在 1955 年、1986 年、2003 年、2010 年等拐点年份描出关键点，然后连点成线，绘制内容变迁图。每个年份拐点上的纵向竖线上的点表示其政策文本中所包含的内容。从图 2-1 中可以看出我国职称政策文本内容，从中华人民共和国成立初期时最基本的政治条件、学历资历要求逐渐演变为当前的政治条件、学历资历、外语条件、教学业务、论文发表、课题条件、教学业绩、师德条件等，内容逐渐增多，体系逐渐庞大、深入和规范。

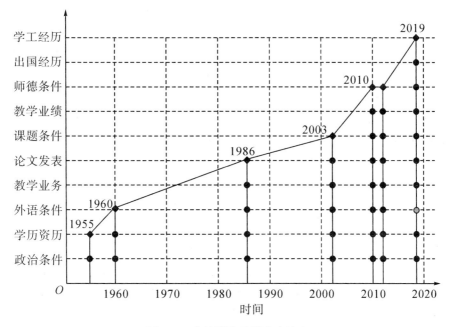

图 2-1　高校职称政策内容演变

1955年，我国高校职称政策中对于职称评定的要求只包含政治条件和学历资历两方面的明确条件，助教三年以上者可升讲师，讲师三年以上者可升副教授，而对教学和科研则没有明确的硬性要求，只说明"能胜任职责范围内的教学和科研工作"。

从1960年开始，职称政策对于外语条件有了明文的要求，助教升讲师时要求"掌握一门外国语"，讲师升副教授时要求"熟练掌握一门外国语"。

1986年的职称政策在之前的基础上增加了教学业务条件和论文发表条件。职称政策要求讲师系统地担任一门或一门以上课程的讲授工作，担任实验室建设工作，参加科学研究和教学方法研究；要求副教授担任一门主干基础课或两门及两门以上课程的讲授工作，参加科学研究担任课题负责人，主持或参编教材等。

21世纪初，各类纵向、横向课题的条件进入职称政策的范围。2010年，教学业绩条件和师德条件被明确提出作为高校教师职称评定时的重要依据。以教学科研型教师为例，除了要达到每学年180学时的工作量外，还要连续三年学生评教达到良好或累计三次达到优秀，积极参加教学研究活动，承担教研教改工作，副教授要主持校级及以上的教研教改项目，教授要主持省部级及以上的教研教改项目。师德师风条件被作为与学历资历等条件并列的条件之一，从思想品德、职业道德、学术道德等方面明文规定并作出要求。

2015 年，按照《重庆市人力资源和社会保障局关于调整全市职称外语、计算机考试范围有关问题的通知》的规定，免考职称外语考试的年龄由原来的男性年满 55 周岁、女性年满 50 周岁分别调整为男性年满 50 周岁、女性年满 45 周岁，职称外语的免试年龄降低 5 周岁。另外，业绩突出的教师，如果达到本系列（或专业）破格申报条件者，职称外语和计算机均可免试。这一系列的政策表明外语方面的要求在职称政策中逐渐淡化。

2019 年，A 大学的职称政策评审条件中增加了继续教育条件和班主任或辅导员工作经历条件。

2.5.2 科学研究条件的变迁

2.5.2.1 科学研究条件文本的变迁分析

1955 年，《关于修订教师升等问题的补充通知》规定，科研条件方面，助教和讲师能胜任职责范围内的科学研究工作才能晋升讲师和副教授。1960 年，职称政策对讲师的要求仅是"具备一定的科学研究能力"，对副教授、教授的要求是"取得显著的成就，提出具有一定水平的科学论文"，但是没有要求公开发表，同时对于论文发表还有其他的替代方案，如"在生产技术方面有较大贡献"或"在业务技能上有较高造诣"。1960 年的职称政策规定，对于长期承担高等学校教学工作，教学成绩显著，并有丰富的实际经验的讲师和副教授，虽然没有科学著作或重大发明创造，但由于工作需要，也可以提升职称。可以看出，论文发表并不是当时职称提升的必要条件。1986 年的《高等学校教师职务试行条例》对于讲师的科研要求是参加科研、技术开发、社会服务及其他科学技术工作，参加教学法研究，参加编写、审议教材和教学参考书；具有本专业必需的知识与技能和从事科学技术工作的能力。该职称政策对于副教授的科研要求是掌握本学科范围内的学术发展动态，参加学术活动并提出学术报告，参加科学研究、技术发明、社会服务及其他科学技术工作，担任科研课题的负责人，负责审阅学术论文；主持或参加编写、审议新教材和教学参考书，主持或参加教学法研究；发表具有一定水平的学术论文或出版具有价值的著作、教科书，或者在教学科研方面有较高造诣，或者在实验及其他学术工作方面有较大的贡献。该职称政策对于教授的科研要求更高，即发表、出版有创见性的学术论文、著作或教材，或者有重大创造发明；在教学管理或科学研究管理方面具有组织领导能力。

2005 年的职称政策是在 2003 年的职称政策基础上的微调，主要是提高了标准，增加了排名要求，删除了科研经费指标的比重，提高了项目的标准或增加了项目的数量。

2010 年的职称政策根据教学为主型、教学科研型、科研为主型制定了详细的科研要求。科学研究的成果分为基本条件和业绩条件。申报高级职称的高校教师除了应具备基本的科研条件外，还应具备相应的科研业绩条件。其中，科研业绩条件按照申报人员类型的不同而不同，分为教学为主型、教学科研型和科研为主型三类。

对于教学为主型的高校教师，教学业绩上有评优评奖等非常严格的要求，但科研只有基本条件的要求。

1. 申报教学为主型教授任职资格应具备下列科研基本条件：

在核心期刊上发表 3 篇以上学术、科研论文；或者在核心期刊上发表 2 篇以上学术、科研论文，且出版 5 万字以上学术著作（专著、编著或译著）。

2. 申报教学为主型副教授任职资格应具备下列科研基本条件：

在核心期刊上发表 2 篇以上学术、科研论文；或者在核心期刊上发表 1 篇以上学术、科研论文，且出版 3 万字以上的学术著作（专著、编著或译著）。

对于教学科研型的高校教师，除了应具备科研基本条件外，还有科研业绩条件上的要求。

1. 申报教学科研型教授任职资格应具备下列条件：

（1）科研基本条件。在核心期刊上发表 3 篇以上学术、科研论文，其中 1 篇以上被 SCI、EI、SSCI、CSSCI①、新华文摘、人大报刊复印资料等国内外权威科技论文检索工具或文摘收录；或者在核心期刊上发表 2 篇以上学术、科研论文，且出版 8 万字以上学术著作（专著、编著或译著）。

（2）还应另外具备以下科研业绩条件之一：

①在核心期刊发表 4 篇以上学术、科研论文，其中 2 篇以上被 SCI、EI、SSCI、CSSCI、新华文摘、人大报刊复印资料等国内外权威科技论文检索工具或文摘收录；或者在核心期刊上发表 3 篇学术、科研论文，其中 1 篇以上被 SCI、EI、SSCI、CSSCI、新华文摘、人大报刊复印资料等国内外权威科技论文检索工具或文摘收录，且出版 8 万字以上的学术著作（专著、编著或译著）。

②承担省部级以上科研项目（课题）3 项（国家级项目排前 5 名、省部级重点项目排前 4 名、省部级一般项目排前 2 名），其中主持省部级一般项目

① SIC，即科学引文索引；EI，即工程索引；SSCI，即社会科学引文索引；CSSCI，即中文社会科学引文索引，下同。

2 项；或者本人承担横向科研项目的到账经费累计达到 100 万元（人文社科类项目经费按照上述经费数的 1/5 计算）。

③获国家级科技奖（教育部人文社科奖，排前 9 名）；或者省部级政府科技奖（社科奖）三等奖以上（一等奖排前 5 名、二等奖排前 3 名、三等奖排第 1 名）；或者国家一级学会（协会）等社会力量设立的成果奖三等奖以上（一等奖排前 5 名、二等奖排前 3 名、三等奖排第 1 名）。

④科研成果有 4 项被正式推广应用，或者科研成果转化运用后产生的直接经济效益在 800 万元以上，社会效益明显。

2. 申报教学科研型副教授任职资格应具备下列条件：

（1）科研基本条件。在核心期刊上发表 3 篇以上学术、科研论文；或者在核心期刊上发表 2 篇以上学术、科研论文，且出版 5 万字以上的学术著作（专著、编著或译著）。

（2）还应另外具备以下科研业绩条件之一：

①在核心期刊上发表 2 篇以上学术、科研论文，其中 1 篇以上被 SCI、EI、SSCI、CSSCI、新华文摘、人大报刊复印资料等国内外权威科技论文检索工具或文摘收录；或者在核心期刊上发表 1 篇学术、科研论文，且出版 8 万字以上的学术著作（专著、编著或译著）。

②承担省部级以上科研项目（课题）2 项（国家级项目排前 5 名、省部级重点项目排前 4 名、省部级一般项目排前 2 名），其中主持省部级一般项目 1 项；或者本人承担横向科研项目的到账经费累计达到 50 万元（人文社科类项目经费按照上述经费数的 1/5 计算）。

③获国家级科技奖（教育部人文社科奖）；或者省部级政府科技奖（社科奖）三等奖以上（一等奖、二等奖排前 5 名，三等奖排前 3 名）；或者国家一级学会（协会）等社会力量设立的成果奖三等奖以上（一等奖、二等奖排前 5 名，三等奖排前 3 名）。

④科研成果有 2 项被正式推广应用，或者科研成果转化运用后产生的直接经济效益在 500 万元以上，社会效益明显。

对于科研为主型的高校教师，在评定相应的副教授或教授职称的时候，科研基本条件和业绩条件较为严格。

1. 申报科研为主型教授应具备下列条件：

（1）科研基本条件。在核心期刊上发表 4 篇以上学术、科研论文，其中 1 篇以上被 SCI、EI、SSCI、CSSCI、新华文摘、人大报刊复印资料等国内外权威科技论文检索工具或文摘收录；或者在核心期刊上发表 3 篇以上学术、科研论文，且出版 10 万字以上的学术著作（专著、编著或译著）。

（2）还应另外具备以下科研业绩条件之一：

①在核心期刊发表 5 篇以上学术、科研论文，其中 3 篇以上被 SCI、EI、SSCI、CSSCI、新华文摘、人大报刊复印资料等国内外权威科技论文检索工具或文摘收录；或者在核心期刊上发表 4 篇学术、科研论文，其中 2 篇以上被 SCI、EI、SSCI、CSSCI、新华文摘、人大报刊复印资料等国内外权威科技论文检索工具或文摘收录，且出版 10 万字以上的学术著作（专著、编著或译著）。

②承担省部级以上科研项目（课题）4 项（国家级项目排前 5 名、省部级重点项目排前 4 名、省部级一般项目排前 2 名），其中主持国家级项目 1 项，或主持省部级重点项目 1 项或主持省部级一般项目 2 项；或者本人承担横向科研项目的到账经费累计达到 150 万元（人文社科类项目经费按照上述经费数的 1/5 计算）。

③获国家级科技奖（教育部人文社科奖，排前 7 名）；或者获省部级政府科技奖（社科奖）二等奖以上（一等奖排前 3 名、二等奖排第 1 名）；或者国家一级学会（协会）等社会力量设立的成果奖二等奖以上（一等奖排前 3 名、二等奖排第 1 名）。

④科研成果有 5 项被正式推广应用，或者科研成果转化运用后产生的直接经济效益在 1 500 万元以上，社会效益显著。

3. 申报科研为主型副教授应具备下列条件：

（1）科研基本条件。任现职以来，在核心期刊上发表 3 篇以上学术、科研论文，其中 1 篇以上被 SCI、EI、SSCI、CSSCI、新华文摘、人大报刊复印资料等国内外权威科技论文检索工具或者文摘收录；或者在核心期刊上发表 2 篇以上学术、科研论文，且出版 8 万字以上的学术著作（专著、编著或译著）。

（2）还应另外具备以下科研业绩条件之一：

①在核心期刊上发表 4 篇以上学术、科研论文，其中 2 篇以上被 SCI、EI、SSCI、CSSCI、新华文摘、人大报刊复印资料等国内外权威科技论文检索工具或文摘收录；或者在核心期刊上发表 3 篇学术、科研论文，其中 1 篇以上被 SCI、EI、SSCI、CSSCI、新华文摘、人大报刊复印资料等国内外权威科技论文检索工具或文摘收录，且出版 8 万字以上的学术著作（专著、编著或译著）。

②承担省部级以上科研项目（课题）3 项（国家级项目排前 5 名、省部级重点项目排前 4 名、省部级一般项目排前 2 名），其中主持省部级一般项目 2 项；或者本人承担横向科研项目的到账经费累计达到 100 万元（人文社科类项目经费按照上述经费数的 1/5 计算）。

③获国家级科技奖（教育部人文社科奖，排前9名）；或者省部级政府科技奖（社科奖）三等奖以上（一等奖排前5名、二等奖排前3名、三等奖排第1名）；或者国家一级学会（协会）等社会力量设立的成果奖三等奖以上（一等奖排前5名、二等奖排前3名、三等奖第1名）。

④科研成果有4项被正式推广应用，或者科研成果转化运用后产生直接经济效益800万元以上，社会效益明显。

2019年，重庆市教育委员会、重庆市人力资源和社会保障局下放高校教师职称评审权后，A高校重新制定了专业技术职务任职资格申报条件。

2.5.2.2 发表论文的最低级别刊物要求的变迁

1986年及以前职称政策中对论文发表没有明确的级别要求，要求讲师参加科学研究；副教授担任科学研究课题负责人，参加审阅学术论文，并发表过有一定水平的科学论文或出版过有价值的著作、教科书；教授领导科学研究工作，发表过一定水平的科学论文或出版过有价值的著作、教科书。

2003年的职称政策对论文发表的要求是中文核心期刊（"D刊"），评讲师需发表至少1篇核心期刊论文，评副教授需发表至少2篇核心期刊论文，评教授需发表至少4篇核心期刊论文。

2009年的职称政策中，以社会科学为例，要求副教授需至少发表2篇核心期刊论文，教授需至少发表5篇中文核心期刊论文加2篇权威核心期刊论文，或者至少发表5篇核心期刊论文加1篇权威核心期刊论文加3篇重要核心期刊论文。

2010年的职称政策要求讲师至少发表1篇中文核心期刊论文，副教授至少发表1篇CSSCI核心版刊物的论文（"C刊"），教授至少要发表1篇B2级别的论文（B2级别是指CSSCI索引期刊中少数影响因子较高的刊物）。

2019年的职称政策对刊物的最低要求没有明显改变，但对于高级别期刊论文，如在学科级的A类期刊发表论文的，经学科组专家同意可不受D级期刊数量要求限制，即论文质量可以抵消论文数量的要求，但这种申报抵消的人数受到一定的控制，不能超过所在学院在编教师数量的5%。

1950—2010年，高校教师职称评定发表论文的最低级别期刊变化如图2-2所示。

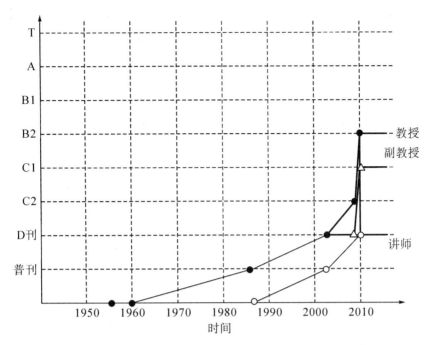

图 2-2　高校教师职称评定发表论文的最低级别期刊变化①

2.5.2.3　论文数量要求的变迁

关于论文发表的数量要求，从 1986 年职称政策明文要求发表论文之后，论文的数量要求逐步增加。2003 年，副教授至少要发表 2 篇核心期刊论文，教授至少要发表 4 篇核心期刊论文。2009 年的要求在 2003 年的基础上对教授提高了要求，即至少发表 5 篇核心期刊论文和 2 篇权威核心期刊论文；或者在 B2 级别的期刊发表论文 1 篇且在 C1 级别的期刊发表论文 4 篇。2010 年，高校

---

①　A 大学教师论文发表刊物的类型中，目前分为 A、B、C、D、E 五大类，A、B、C 类又分别分为若干小类。A 类刊物分为 A0、A1、A2、A3 四种。A0 级刊物为全球顶级刊物：《自然》(*Nature*)、《科学》(*Science*)。A1 级期刊为自然科学和人文社会科学公认的权威刊物：《中国社会科学》《科学通报》以及 SSCI 一区、SCI 一区期刊。A2 级期刊为各学科门类权威刊物：《哲学研究》《经济研究》《法学研究》《马克思主义研究》《教育研究》《文学评论》《历史研究》《管理世界》《中国科学（A～G 辑）》《新华文摘》等 16 种，另加上 SSCI、SCI 二区期刊。A3 级刊物为各一级学科权威刊物，另加上 SSCI、SCI 三区期刊。B 类刊物分为 B1、B2 两种。B1 级期刊为各一级学科重要期刊，另加上 SSCI、SCI 四区期刊，B2 级期刊为各二级学科重要期刊，另加上 EI 收录期刊（JA）、A & HCI 收录期刊以及 SSCI、SCI 未进入分区期刊。C 类刊物分为 C1、C2 两种。C1 级期刊为 CSSCI、CSCD 来源期刊核心版所列刊物。C2 级期刊为 CSSCI、CSCD 来源期刊扩展版所列刊物。D 级期刊为未被 C2 级及以上期刊收录的《中文核心期刊目录》《中国人文社会科学核心期刊》所列期刊及人大复印资料全文收录论文。E 级期刊为普通刊物，即公开出版的一般学术期刊。

职称政策要求，讲师至少要发表1篇核心期刊论文，副教授至少要发表6篇核心期刊论文，教授至少要发表8篇核心期刊论文。论文数量的要求呈节节攀升的趋势（见图2-3）。

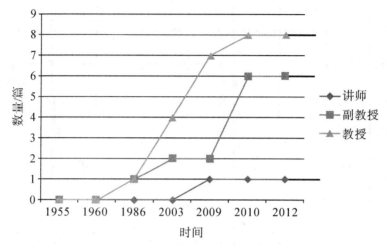

图2-3　高校教师职称政策中论文数量要求

2018年，重庆市人力资源和社会保障局印发了《重庆市人力资源和社会保障局关于我市下放高中级职称评审权限有关事项的通知》，向高等学校直接下放教授、副教授评审权以及实验技术系列、教育研究专业中级职称评审权。2018年，所有高等学校组建相应系列高级、中级职称评委会①。获得高中级职称评审权后，A大学在2012年职称评审条件的基础上，于2019年结合学校实际，制定了新版专业技术职务任职资格申报条件。A大学新申报条件规定中，数量要求没有变化，级别组合上有了要求。申报教学科研型正高职称的教师，正常申报需要在D级以上期刊发表论文8篇（其中，在B1级期刊发表论文2篇）。申报科研型正高职称的教师，正常申报需要在D级以上期刊发表论文10篇（其中，在A3级期刊发表论文1篇，或者在B1级期刊发表论文2篇，或者在B2级期刊发表论文3篇）。申报教学科研型副高职称的教师需要在D级以上期刊发表论文6篇（其中，在B2级期刊发表论文1篇且在C1级期刊发表论文2篇，或者在B2级期刊发表论文1篇且C2级期刊发表论文3篇，或者在C1级期刊发表论文4篇）。申报科研型副高职称的教师需要在D级以上期

① 重庆市人力资源和社会保障局.重庆市人力资源和社会保障局关于我市下放高中级职称评审权限有关事项的通知［EB/OL］.（2018-07-03）［2021-06-26］. http://rlsbj.cq.gov.cn/ywzl/zjrc/sy/tzgg_110153/202005/t20200520_7462579_wap.html.

刊发表论文 7 篇（其中，在 B2 级期刊发表论文 2 篇，或者在 B2 级期刊发表论文 1 篇且在 C1 级期刊发表论文 5 篇）。正常申报讲师需要在学术刊物上发表论文 3 篇（其中，在 D 级期刊上发表论文 1 篇）。

值得注意的是，A 大学 2019 年版的职称评审条件对高水平论文加以鼓励，规定如果在 A 类期刊（权威期刊）上发表论文，经学科组专家同意可以不受 D 级刊物的数量要求限制，即能够以质量来冲抵数量，但进行了人数限制，"抵消" D 级刊物数量申报职称的教师数目不能超过该学院总人数的 5%。

2.5.3 政治条件与学历资历条件的变迁

2.5.3.1 政治条件

1960 年，国务院在《关于高等学校职务名称及其确定与提升的暂行规定》中规定，政治条件包括基本的政治立场，如"接受共产党的领导，拥护社会主义制度和社会主义总路线，全心全意为人民服务，贯彻党的教育方针"，还有一些颇具时代特征的政治要求，如"历史清楚""积极参加劳动锻炼，自觉进行思想改造，不断提高思想政治觉悟和共产主义道德品质的修养"。与 1960 年的规定相比，1986 年的《高等学校教师职务试行条例》中的政治条件在历史问题和思想觉悟方面的具体要求有所减少，简明扼要地突出了基本的政治立场要求，如"拥护中国共产党的领导，热爱社会主义祖国，努力学习马克思主义和党的路线、方针、政策"。《高等学校教师职务试行条例》在第八条中第一次正式提出"有良好的职业道德，遵守法纪，能为人师表，教书育人"职业道德方面的要求，另外对从事脑力劳动的基础——身体素质也有所要求："身体健康，能坚持正常工作。" 1998 年出台的《中华人民共和国高等教育法》第五章"高等学校教师和其他教育工作者"规定："遵守宪法和法律，热爱教育事业，具有良好的思想品德"。2003 年，《A 大学专业技术职务评审实施细则》中，明确把思想政治条件作为专业技术职务评审的基本条件之一，并列出《中华人民共和国教师法》和《中华人民共和国高等教育法》的法律依据。《A 大学专业技术职务评审实施细则》关于思想政治条件包含基本的政治立场，并进一步加强了职业道德方面的要求，如"有良好的职业道德，遵纪守法，为人师表，教书、管理、服务育人，敬业精神强，道德品质好，学风端正，为人正派"；同时，对完成职务职责的主动性提出了要求，即"积极主动承担工作任务"。另外，《A 大学专业技术职务评审实施细则》在思想政治条件中提出了"新进职工申报中级专业技术职务，必须兼任一年及以上班主任工作"，首次对专业技术人员在学生管理工作方面的参与提出明确要求。2010

年，《重庆市普通本科院校教师高级职务任职资格申报条件（试行）》（以下简称"《申报条件》"），申明了下发的背景、针对的问题和试图达到的目标。其下发的背景是"贯彻落实全国人才工作会议精神，进一步深化职称改革"，其针对的问题是"积极引导'教师进课堂'，努力营造重师德、重教学、重科研、重服务的良好氛围"，其试图达到的目标是"充分调动高校教师的积极性和创造性"。《申报条件》较以往的职称政策最大的改变有三处：一是将高校教师分为教学为主型、教学科研型和科研为主型，申报初级和中级的时候不分类申报，申报副高和正高的时候应确定类型分类申报。二是明确将师德师风条件作为与资格条件、教育教学条件和科学研究条件并列的四大条件之一。在师德师风条件中又分为三类：思想品德、职业道德和学术道德。思想品德包括爱国守法、团结友善、明礼诚信，职业道德包括爱岗敬业、教书育人和履行职责，学术道德包括严谨笃学、学风端正。三是第一次将学术道德明文列为评审条件之一，明文规定：在学术研究中，不得有抄袭、剽窃、侵吞他人学术成果。不得有篡改他人学术成果，伪造或篡改数据、文献，捏造事实等不端行为。凡出现学术不端行为者，视情节轻重延迟 3~5 年申报；情节特别严重、造成恶劣社会影响的，取消专业技术职务申报资格。

2.5.3.2 学历资历条件

1960 年，国务院在《关于高等学校职务名称及其确定与提升的暂行规定》中规定，关于学历资历条件，助教的要求是本科毕业（或同等学力），有一年见习期。1986 年，职称政策对学历资历有了非常明确的规定，助教必须获得学士学位，有一年见习期或硕士学位、第二学位。讲师必须担任四年及以上的助教工作，研究生或第二学位担任两年及以上的助教工作，或者获得博士学位。副教授必须担任五年以上讲师工作，或者拥有博士学位且担任两年以上讲师工作。2003 年，《A 大学专业技术职务评审实施细则》将学历条件和任职年限分开要求并细化，其中关于学历条件明确指出，要申报教师系列的专业技术职称，必须达到大学本科（全日制）及以上学历，2001 年后毕业的教师必须具备硕士及以上学位；思政专业、其他紧缺讲师及以下专业技术职务，在一定年限内，可以适当放宽至本科。对于任职年限，评中级要求初级满 4 年，或者硕士毕业前初级满 2 年，或者硕士毕业后初级满 1 年，或者博士毕业。评副高要求中级满 5 年，或者取得博士学位后中级满 1 年。评正高（非博士）要求副高满 5 年，博士学位获得者担任副高工作满 3 年。

2010 年，《重庆市普通本科院校教师高级职务任职资格申报条件（试行）》对于学历资历的条件进行了合并，提高了评副高的学位要求，同时延长了博士学位获得人员评正高的年限。2012 年，A 大学学校层面的职称评定实施细则基本遵照重庆市的相关规定进行，学历资历方面，一是具有高等学校教师资格，这方面的要求比较容易达到，只要具备一定的学历并参加岗前培训，都能如期获得高校教师资格证书。二是具有大学本科以上学历。随着高校中具有硕士学位人数的比例的增加，职称政策规定 1975 年 1 月 1 日以后出生的教师在申报副教授职称时，原则上应具有硕士以上学位；相应地，在申报教授任职资格时，同等条件下具有博士学位者优先。三是获得讲师职称 5 年以上或获得博士学位从事本专业教学科研工作 1 年以上，才能够正常申报副教授任职资格，而正常申报教授任职资格则必须取得副教授任职资格 5 年以上。所有不符合上述任职学历资历年限的，都必须按照破格条件进行申报，破格条件比正常申报条件要高出许多，这一点突出表现在科研方面的要求上。

2019 年的 A 大学的职称评定条件在学历资历方面趋于稳定，没有变化。

2.5.4　外语、计算机条件的变迁

1960 年，国务院在《关于高等学校职务名称及其确定与提升的暂行规定》中规定，对外语的要求是"掌握一门外国语，能够顺利阅读本专业的外文书籍"，同时注明外语不是必要条件，"对于某些学科和特殊原因的教师，此项可暂不列为必备条件"。1986 年，《高等学校教师职务试行条例》中的要求与之前的相关规定相差不大，即"能顺利地阅读本专业的外文书籍"，但是没有说明外语能力这一项不是必备条件。外语能力于 1986 年正式成为高校职称政策中的必备条件之一。2003 年，《A 大学专业技术职务评审实施细则》对外语条件要求除了符合文件规定可免试或不做要求的人员外，均应参加全国或省（自治区、直辖市）组织的外语考试且成绩合格，外语成绩有效期为三年（国家 A 级有效期为四年）。其中，免试和不做要求是指取得硕士学位的人员申报中级，取得博士学位的人员申报副高级专业技术职务；任现职以来出国留学（进修）达一年以上（外语为第二语种国别），或者三年内参加出国培训备选人员外语水平考试且考试合格。另外，计算机能力也从本年开始有了考试的要求，其要求与外语能力一样，要参加省（自治区、直辖市）的统考且成绩合格，计算机成绩有效期为三年。能获得免试的要求是距国家法定退休年龄不足五年；计算机专业中专毕业生评中级，计算机专业大专毕业生评副高或正高；获硕士学位申报中级或获博士学位申报高级职务；获得程序员及其以上级别的专业技术资格证书或计算机软件专业水平证书。2010 年，关于外语和计算机的要求更为详细（详见《重庆市职称改革办公室关于调整全市专业技术人员

职称外语、计算机考试及继续教育有关政策的通知》)。

除以下情况可以免试外语外，所有专业技术人员职称评定都需要进行相应职称外语考试：

（1）男性年满55周岁、女性年满50周岁评聘正高级职称者；男性年满53周岁、女性年满48周岁评聘副高级职称及其以下者（以身份证出生年月为准，截止申报当年年底）。

（2）任现职以来在公开刊物上发表译文或译著者，其中评聘中级需1万字，评聘副高级需3万字，评聘正高需4万字。

（3）三年内参加全国出国培训备选人员外语水平考试（BFT）合格（其中BFT高级对应A级、中级对应B级、初级对应C级）。

（4）任现职以来公派或自费出国留学、进修一年及其以上者。

（5）已取得硕士学位评聘中级，或者已取得博士学位评聘正、副高级专业技术职称者。

（6）组织选派援外、援藏工作的专业技术人员在外工作期间评聘高、中级职称者。

（7）取得外语专业大专及其以上学历并从事本专业工作者。

（8）各系列专业技术人员评聘初级职称者。

（9）业绩突出、在本行业本地区做出重要贡献，达到本系列申报评审破格条件或达到特殊人才专业技术职务任职资格申报评审条件者（按照分级管理原则，申报高级职称由市职称改革办公室确认；申报中级职称由市级主管部门或区县人事职改部门确认）。

除以下情况可以免试计算机外，所有专业技术人员职称评定都需要进行相应职称计算机考试：

（1）男性年满55周岁、女性年满50周岁评聘正高级职称者；男性年满53周岁、女性年满48周岁评聘副高级职称及其以下者（以身份证出生年月为准，截止申报当年年底）。

（2）任现职以来在公开刊物上发表过计算机专业文章（第一作者）评聘中、初级，或者出版过计算机专著的人员评聘正、副高级职称者。

（3）计算机专业中专毕业评聘中、初级，或者计算机专业大学专科及其以上毕业评聘正、副高级职称者。

（4）参加全国计算机技术与软件专业技术资格（水平）考试或重庆市信息技术管理人员职业水平认证考试获得相应级别证书者。

（5）已取得硕士学位评聘中、初级，或者已取得博士学位评聘正、副高级职称者。

（6）组织选派援外、援藏工作的专业技术人员在外工作期间评聘高中初级职称者。

（7）业绩突出、在本行业本地区做出重要贡献，达到本系列申报评审破格条件或达到特殊人才专业技术职务任职资格申报评审条件者（按照分级管理原则，申报高级职称由市职称改革办公室确认；申报中级职称由市级主管部门或区县人事职改部门确认）。

2019 年的评审条件中，对于计算机和外语能力的要求有如下变化：首先，职称计算机应用能力不再作为考试要求，职称外语考试的免考范围从男性 55 周岁以上改为 50 周岁以上，女性 50 周岁以上改为 45 周岁以上。

2.5.5 教学条件的变迁

对于教学方面的要求，1960 年只要求讲师能够独立讲授某门课程，副教授能够胜任本专业一门或一门以上课程的教学工作，质量较高，成绩优良。1986 年的相关规定对助教、讲师、副教授、教授的职责分别做了详细的要求，即要求讲师承担一门及以上的课程教学工作，组织课堂讨论，指导学生的实习和社会调查，指导学生毕业论文、毕业设计，担任实验室的建设工作，组织和指导实验教学工作，编写实验课教材及实验指导书；承担辅导学生、为学生答疑、批改课后作业、指导实习课和指导学生进行科研工作等教学工作。副教授在前述讲师职责的基础之上，承担一门主干基础课，或者两门或两门以上课程的教授工作，教学成绩显著，能较好地对学生进行启发式教学，培养学生分析问题、解决问题的能力，对教学方法的应用及效果作出要求，指导实验室的建设、设计，革新实验手段或充实新的实验内容指导硕士研究生，并协助教授指导博士研究生。教授的职责是在副教授职责范围内工作的基础之上，承担更高要求的工作，具体表述为领导本学科教学、学术科研工作，在条件允许和资历评审合格的情况下担任博士研究生导师。

自 2010 年起，职称政策中对教学条件进行了更为精细的划分，分为基本条件和业绩条件两个方面。教学基本条件是所有类型高校教师申报专业技术职称的基本要求，教学业绩条件则和之前的科研要求一样，按申报人员类型分类不同而有所区别，分为教学为主型、教学科研型和科研为主型三类。

教学为主型的教师所要求达到的教学基本条件和教学业绩条件比教学科研型和科研为主型教师更高。

1. 教学基本条件

申报或破格申报教学为主型教授或副教授应具备下列教学基本条件：

（1）教学工作量：平均每学年完成教学工作量 280 学时及以上。其中，平均每学年全日制本专科生课堂教学工作量不少于 210 学时。

（2）授课门数及教学环节：系统承担 2 门以上全日制本专科生课程的教学。指导过青年教师；或者参加实践教学环节的教学指导 3 届以上；或者指导全日制本专科生毕业论文（设计）和担任全日制本科生导师工作 3 届以上（不具备实施教学环节条件的经学校确认除外）。

（3）教研活动：积极参加教研活动，且承担课程建设或教研教改等方面的工作。

（4）教学效果：取得现任职资格以来教学效果达到学校相应要求，且连续 3 年以学生为主的评教达到良好以上，或者累计 3 次达到优秀。

2. 教学业绩条件

申报或破格申报教学为主型教授或副教授，除应满足上述教学基本条件外，还应分别具备以下教学业绩条件：

（1）申报教学为主型教授应具备以下教学业绩条件之一：

①主持 2 项省部级教研教改项目或主持 1 项国家级教研教改项目。

②主持省部级教学质量工程项目或参与国家级教学质量工程项目（排前 3 名）。

③在核心刊物上公开发表 4 篇教研教改论文；或者在核心刊物上公开发表 2 篇教研教改论文，且主编 1 部省部级规划教材或参编 1 部全国规划教材。

④获省部级以上教学成果奖（国家级一等奖排前 7 名、二等奖排前 5 名；省部级一等奖排前 3 名、二等奖排前 2 名、三等奖排第 1 名）。

⑤获得省部级各类教学竞赛一等奖或作为第一指导教师指导学生参加各类竞赛且获得国家级一等奖（各类竞赛奖由市教委发文认定）。

（2）破格申报教学为主型教授应至少同时具备上述正常申报教学为主型教授五款教学业绩条件中的三款条件，或者获得国家级教学成果一等奖（排前 3 名）或二等奖（第 1 名）。

（3）申报教学为主型副教授应具备以下教学业绩条件之一：

①主持 1 项省部级教研教改项目，或者参与 2 项省部级以上教研教改项目（排前 3 名），或者参与 1 项国家级教研教改项目（排前 7 名）。

②参与 1 项省部级教学质量工程项目（排前 2 名），或者参与 2 项省部级以上教学质量工程项目（排前 5 名），或者参与国家级教学质量工程项目（排前 5 名）。

③公开发表3篇教研教改论文（其中在核心刊物上发表2篇）；或者公开发表1篇教研教改论文，且主编1部本专业教材。

④获省部级以上教学成果奖（国家级奖或省部级一等奖排前7名、二等奖排前5名、三等奖排前3名）。

⑤获省部级各类教学竞赛奖（三等奖以上），或者校级各类教学竞赛奖一等奖，或者作为第一指导教师指导学生参加各类竞赛且获得奖项（国家级三等奖以上、省部级一等奖）。

（4）破格申报教学为主型副教授应至少同时具备上述正常申报教学为主型副教授五款教学业绩条件中的三款条件，或者获得国家级教学成果奖一等奖（排前7名）或二等奖（排前3名）或三等奖（第1名）。

教学科研型教师评定教授或副教授时所需达到的教学基本条件和教学业绩条件相对教学为主型的教师的标准有所降低。

1. 教学基本条件

申报教学科研型教授或副教授应具备下列教学基本条件：

（1）教学工作量：平均每学年完成教学工作量180学时及以上。其中，平均每学年全日制本专科生课堂教学工作量不少于100学时。

（2）授课门数及教学环节：系统承担全日制本专科学生课程的教学。参加实践教学环节的教学指导2届以上；或者指导全日制本专科生毕业论文（设计）年均3人以上；或者担任全日制本科生导师工作2届以上（不具备实施教学环节条件的经学校确认除外）。

（3）教研活动：积极参加教研活动，并承担课程建设或教研教改等方面的工作。

（4）教学效果：取得现任职资格以来教学效果达到学校相应要求，且连续3年以学生为主的评教达到良好以上，或者累计3次达到优秀。

2. 教学业绩条件

申报教学科研型教授或副教授，除应满足上述教学基本条件外，还应分别具备以下教学业绩条件：

（1）申报教学科研型教授应具备以下教学业绩条件之一：

①主持1项省部级教研教改项目，或者参与2项省部级以上教研教改项目（排前3名），或者参与国家级教研教改项目（排前7名）。

②参与1项省部级教学质量工程（排前2名），或者参与2项省部级以上教学质量工程项目（排前5名），或者参与1项国家级教学质量工程项目（排前5名）。

③公开发表 3 篇教研教改论文；或者在核心刊物上发表 1 篇教研教改论文；或者公开发表 1 篇教研教改论文，且主编 1 部本专业教材。

④获得省部级以上教学成果奖（国家级奖或省部级一等奖，或者省部级二等奖排前 7 名，或者省部级三等奖排前 5 名）。

⑤获得省部级各类教学竞赛等级奖，或者作为第一指导教师指导学生参加各类竞赛且获得国家级奖项（各类竞赛奖由市教委发文认定）。

（2）申报教学科研型副教授应具备以下教学业绩条件之一：

①主持校级教研教改项目或参与省部级以上教研教改项目（排前 5 名）。

②主持校级教学质量工程项目或参与省部级以上教学质量工程项目（排前 7 名）。

③公开发表 2 篇教研教改论文，或者在核心刊物上发表 1 篇教研教改论文，或者主编（或副主编）1 部本专业教材（副主编排前 3 名）。

④获校级以上教学成果奖（省部级奖或校级一等奖排前 3 名、二等奖排前 2 名，三等奖排第 1 名）。

⑤获校级各类教学竞赛奖或作为第一指导教师指导学生参加各类竞赛且获得省部级奖。

科研为主型教师评定教授或副教授职称的时候，也是有基本的教学条件的，只是相对于教学为主型和教学科研型教师，教学基本条件较低，且没有教学业绩条件的要求。

申报科研为主型教授或副教授应具备下列教学基本条件：

（1）教学工作量：平均每学年完成教学工作量 70 学时及以上。其中，平均每学年全日制本专科生课堂教学工作量不少于 30 学时。

（2）授课门数及教学环节：系统承担 1 门全日制本专科学生课程的教学。参加实践教学环节的教学指导 2 届以上，或者指导全日制本专科生毕业论文（设计）年均 3 人以上，或者担任全日制本科生导师工作 2 届以上（不具备实施教学环节条件的经学校确认除外）。

（3）教研活动：积极参加教研活动，并承担课程建设或教研教改等方面的工作。

（4）教学效果：取得现任职资格以来教学效果达到学校相应要求，连续 3 年以学生为主的评教达到良好以上或累计 3 次达到优秀。

综合以上职称文件中的政治条件、学历资历条件、教学条件和科研条件的变迁，可以看出职称政策的变化中最突出的是业务条件，其次是基本条件。业务条件的变化体现为论文数量要求增加、论文质量要求提高、纵向课题级别提高、横向课题冲抵减弱、教学业绩要求增加；基本条件的变化可以概括为从单一型转向多元分类型，并明确提出师德要求。

2.5.6 继续教育和工作经历条件的变迁

为学习兄弟高校在国际化发展方面的做法，A 大学在 2019 年版职称政策评审条件中增加了以往没有的继续教育条件，要求年龄在 47 周岁以下的申报正高专业技术职称的教师和年龄在 42 周岁以下申报副高级职称的教师应有 6 个月以上连续国（境）外访学经历。博士学习阶段联合培养，或者在国外获得硕士及以上学位或工作经历一年及以上都可视为已满足访学要求。但是，此要求很快面临如何与 2020 年 7 月人力资源和社会保障部、教育部《关于深化高等学校教师职称制度改革的指导意见（征求意见稿）》中"不简单把出国（出境）学习经历等作为职称评定的限制性条件"的要求进行匹配的问题。

A 大学还要求全校性公共基础课教师以外的教师在申报副高级及以下职称时，从 2014 年开始应具有 1 年以上、从 2016 年开始应具有累计 2 年以上的全日制普通本科、研究生教育班主任、学业导师、辅导员等经历，这是近年来教师职称评审条件上明文增加的要求，反映了高校对《关于加强和改进新形势下高校思想政治工作的意见》等相关文件精神的落实。

3　量化研究

3.1　研究目的

本书的研究目的是在全国范围内调查我国高校青年教师学术生态的现状，全面把握我国高校青年教师学术生态问题的现状及其影响因素。

3.2　研究对象

笔者对我国各地区的高校青年教师发放问卷 1 083 份，收回问卷 1 083 份，回收率为 100%。其中，979 份问卷为有效问卷，问卷有效率为 90.4%，无效问卷主要是被调查对象年龄在 45 岁（周岁，下同）以上，不属于"青年教师"的范围。

在 979 份有效问卷中，样本组成情况如下：从性别分布上看，男性 393 人，占比为 40.1%，女性 586 人，占比为 59.9%。从年龄分布上看，25~30 岁为 139 人，占比为 14.2%；31~35 岁为 249 人，占比为 25.4%；36~40 岁为 375 人，占比为 38.3%；41~45 岁为 216 人，占比为 22.1%。从职称分布上看，助教为 124 人，占比为 12.7%；讲师为 491 人，占比为 50.2%；副教授（副研究员）为 304 人，占比为 31.1%；教授（研究员）为 60 人，占比为 6.1%（见表 3-1）。从被试来源上看，979 名高校教师中来自"985 工程"建设院校的教师为 14 人，占比为 1.4%；来自"211 工程"建设院校的教师为 105 人，占比为 10.7%；来自本科院校（非"985 工程"建设、非"211 工程"建设）的教师为 746 人，占比为 76.2%；来自高职高专院校的教师为 114 人，占比为 11.6%。

表 3-1 年龄与职称交叉表

			职称				总计
			助教	讲师	副教授	教授	
年龄	25~30岁	计数	82	54	3	0	139
		百分比	59.0%	38.8%	2.2%	0	100.0%
	31~35岁	计数	27	179	39	4	249
		百分比	10.8%	71.9%	15.7%	1.6%	100.0%
	36~40岁	计数	13	199	146	17	375
		百分比	3.5%	53.1%	38.9%	4.5%	100.0%
	41~45岁	计数	2	59	116	39	216
		百分比	0.9%	27.3%	53.7%	18.1%	100.0%
总计		计数	124	491	304	60	979
		百分比	12.7%	50.2%	31.1%	6.1%	100.0%

　　进行年龄和职称的交叉分析可以看出，青年教师的总体职称不高。46岁以下的高校青年教师中大多数人的职称是讲师，占比为50.2%；其次是副教授，占比为31.1%；教授职称在青年教师中占比很低，仅为6.1%。随着年龄的逐渐增大，助教的比例从59.0%逐渐降低到0.9%，教授的比例从0提升到18.1%。在25~30岁的青年教师中，助教职称比较集中，占比为59.0%；在31~35岁和36~40岁的青年教师中，讲师职称比较集中，分别占比为71.9%和53.1%；在41~45岁的青年教师中，副教授职称比较集中，占比为53.7%。由表3-1中的数据可以看出，随着年龄的增加，副教授、教授职称的比例逐步提升，这与青年教师的学术成长需要时间上的积淀有关，也与职称政策中所设定的讲师职称向副教授职称晋升、副教授向教授职称晋升都至少需要满足5年的时间间隔有关。

　　加入性别变量进行交叉分析，结果显示在高校青年教师中，男女性别比约为2∶3。在拥有教授职称的青年教师中，男女性别比为3∶1。在拥有副教授职称的青年教师中，男女性别比约为1∶1（女性占比为51%，略高于男性占比），考虑到女教师的总数量要多于男教师的总数量，可以推算出在高校青年女教师中，职称以助教和讲师居多，这一推算结果与数据中助教职称中女教师占比为69.5%、讲师职称中女教师占比为70.4%相吻合。

3.3　研究工具

本书定量研究所使用的是笔者自编的高校青年教师学术取向调查研究问卷，用 SPSS 23.0 软件对问卷调查所收集的数据进行统计。

3.4　研究过程

3.4.1　问卷设计

为保证调查所获取数据的信效度，本书的调查研究所使用的测量工具——高校青年教师学术取向调查问卷的设计程序如下：第一，笔者通过阅读文献，根据已有学者的研究初步提出问卷的若干备选维度；第二，笔者对高校青年教师和教育专家进行深度访谈，根据访谈内容将备选维度进行集中；第三，初始问卷的五个维度来自文献阅读中的理论依据和深度访谈；第四，维度确定后，项目组成员根据访谈所得维度列出题项，通过圆桌讨论确定题项，之后形成电子问卷，发给全国各地的青年教师征求填写体验和修改意见，发给教育专家征求学理意见，如此反复修改并征求三轮意见后形成最终的正式问卷。

3.4.2　抽样设计

本次抽样选取东部地区、中部地区、西部地区以及东北地区的高校青年教师，这些教师的年龄均在 45 周岁以内①；学校类型包括"985 工程"建设高校，"211 工程"建设高校，非"985 工程"、非"211 工程"建设高校，高职高专院校，兼顾人文社科类和自然科学类的各专业类型。

3.4.3　发放回收

本次抽样的样本容量约为 1 000 份，问卷的发放是以两个点为中心分别向全国辐射。一是以课题组成员及其朋友和同事为中心点，分别向自己地处东部地区、中部地区、西部地区以及东北地区归属地的朋友发送问卷，并请这些朋友在自己所在的高校进行传播；二是与教育部的专门培训单位——国家教育行

---

① 根据世界卫生组织（WHO）的定义，45 周岁以下为青年。

政学院合作，在来自全国各地的青年教师培训班上发送问卷，并请这些青年教师在自己所在高校进行转发。为保证填写质量，部分群转发附送微信红包以表感谢，以这种方式让被试领取相应的被试费用。由于问卷涉及的内容与青年教师最关注的学术、职称密切相关，因此多数青年教师对此话题比较感兴趣，有些热心的青年教师还在后台对问卷提出一些补充意见，并表示如果有修订后的问卷，愿意再次填写。

3.4.4　数据清洗

本次数据抽样共发放问卷 1 083 份，回收问卷 1 083 份，为确保被访者是高校青年教师（年龄不高于 45 岁的高校教师），问卷设计做了两方面的措施保障：一是在指导语中进行说明，要求被访者是"年龄不大于 45 岁的高校青年教师"才能填写；二是在人口统计学数据题项中设计了年龄题选项"46 岁及以上"，从而在分析时可以选择符合条件设定的观察值，把年龄大于 45 岁的观察值通过条件设定选出来。本次调查在回收问卷后正式统计分析前对被访者年龄进行描述性统计，年龄分布如表 3-2 所示。在回收的 1 083 份问卷中，45 岁以内的被试占比为 91%，有 97 名被试的年龄在 46 岁及以上。我们将这部分被试的观察值数据通过条件设定的方式剔除，对原数据进行清洗。清洗后的有效数据共 986 份，被试年龄分布如表 3-3 所示，符合"青年教师"的年龄要求。另外，由于问卷发放方式是在线调查方式，被访者的填写态度认真与否无从全面知晓，但是对于问卷填写总耗时低于 190 秒[①]的观察数据，可以初步判定为无效问卷。我们以此为依据再次删除填写问卷耗时低于 190 秒的 7 份观察数据，最终回收的有效问卷是 979 份，有效回收率为 90.4%。

表 3-2　被访者年龄分布

		人数/人	百分比/%	有效百分比/%	累计百分比/%
年龄	25～30 岁	143	13.2	13.2	13.2
	31～35 岁	250	23.1	23.1	36.3
	36～40 岁	377	34.8	34.8	71.1
	41～45 岁	216	19.9	19.9	91.0
	46 岁及以上	97	9.0	9.0	100.0
	总计	1 083	100.0	100.0	

[①]　本书之所以选择 190 秒作为删除填写态度不端正问卷的参考数据，理由如下：正常人的阅读速度是每分钟 300～500 字，本问卷共 57 题，平均每题的题干加选项文字 20 字，勾选一题需要 1 秒，则完成本问卷的最快时间为（20×57÷500+57÷60）×60＝193.8（秒）。

表 3-3　被试年龄分布

		人数/人	百分比/%	有效百分比/%	累计百分比/%
	25~30 岁	143	14.5	14.5	14.5
	31~35 岁	250	25.4	25.4	39.9
年龄	36~40 岁	377	38.2	38.2	78.1
	41~45 岁	216	21.9	21.9	100.0
	总计	986	100.0	100.0	

3.5　研究结果与分析

3.5.1　高校青年教师学术生活的一般特点

3.5.1.1　高校青年教师的学历分布

当前高校青年教师的学历以硕士、博士为主，其中硕士占比为 49.4%，博士占比为 45.3%，另有少量大学本科（占比约为 5.2%）（见图 3-1）。高校青年教师的工龄为 10~15 年的居多，占比为 37%；其次是工龄为 1~3 年的，占比为 22%（见表 3-4）。77.9% 的被调查青年教师没有国外学习或工作的经历（见表 3-5）。

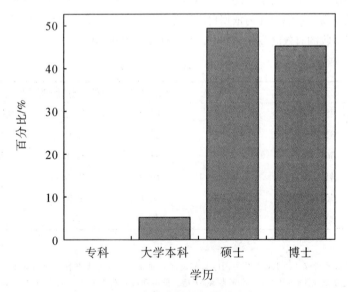

图 3-1　高校青年教师学历分布

表 3-4　高校青年教师的工龄分布

		人数/人	百分比/%	有效百分比/%	累计百分比/%
工龄	1~3 年	217	22.2	22.2	22.2
	4~6 年	120	12.3	12.3	34.4
	7~9 年	120	12.3	12.3	46.7
	10~15 年	363	37.1	37.1	83.8
	16~20 年	133	13.6	13.6	97.3
	21 年及以上	26	2.7	2.7	100.0
	总计	979	100.0	100.0	

表 3-5　高校青年教师国外学习或工作的经历

		人数/人	百分比/%	有效百分比/%	累计百分比/%
国外学习或工作	是	216	22.1	22.1	22.1
	否	763	77.9	77.9	100.0
	总计	979	100.0	100.0	

3.5.1.2　高校青年教师的时间分配及健康状态

如表 3-6 所示，39.7% 的高校青年教师在工作日里每天投入学术科研的工作时间为 1~3 小时，31.5% 的高校青年教师在工作日里每天投入学术科研的工作时间在 1 小时以内。从累计百分比看，71.2% 的高校青年教师在工作日每天投入学术科研的工作时间在 3 小时以内。另外有接近 15% 的高校青年教师在工作日里每天投入学术科研的工作时间是 4~6 小时，6.8% 的高校青年教师在工作日里每天投入学术科研的工作时间在 10 小时以上。

健康的体魄是有效工作的前提。每周进行 30 分钟以上体育锻炼的次数数据显示（见表 3-7），32.4% 的青年教师每周没有进行 30 分钟以上的体育锻炼，20.4% 的青年教师每周进行 1 次 30 分钟以上的体育锻炼，19.2% 的青年教师每周进行 2 次 30 分钟以上的体育锻炼，累计约 28% 的青年教师每周进行 3 次及以上 30 分钟以上的体育锻炼。

通过以上分析可知，多数青年教师投入学术科研工作的时间并没有很多，体育锻炼的时间也很少，那么这两者之间是否会相互影响呢？笔者经过相关分析发现两者并未呈现负相关（$P = 0.335 > 0.05$）（见表 3-8），这表明科研和锻炼的时间并非此消彼长的关系，即并非科研时间太多引起体育锻炼时间过少，或者体育锻炼时间过多减少了科研时间。综合以上数据结论和文献研究，笔者推测可能是教学或家庭因素导致出现此种现象，于是对科研工作时间、教学与科研工作时间分配、家庭婚姻生育状况进行相关分析发现，高校青年教师的学术科研工作时间与教学科研工作时间分配、家庭婚姻生育状况三者都呈现显著的负相关（P=0.005，0<0.01，见表3-9）。笔者进一步求出效果值（size of effect），效果值为埃塔（Eta）的平方。结果显示，婚姻及生育状况变量可以解释高校教师工作日每天投入学术科研的工作时间变量总方差中的1.6%（见表3-10），实际用于教学、科研工作的时间分配比例变量能够解释高校教师每天投入学术科研的工作时间变量总方差中的25.6%（见表3-11），大于13.8%，属于非常高的关联强度，即高校青年教师需要把时间较多地分配在教学上是导致其最终投入学术科研的工作时间较少现状的1/4的原因。青年教师取得高校教职的时间相对较短，需要花费大量的时间与精力准备新课，且许多高校的二级学院会把一些新开设的、难度较高的课程安排给"新人"，这些是导致青年教师学术科研时间不够的主要原因。

表3-6　高校青年教师工作日平均每天投入学术科研的工作时间

		人数/人	百分比/%	有效百分比/%	累计百分比/%
	1 小时以下	308	31.5	31.5	31.5
	1~3 小时	389	39.7	39.7	71.2
	4~6 小时	142	14.5	14.5	85.7
工作时间	7~9 小时	73	7.5	7.5	93.2
	10~12 小时	51	5.2	5.2	98.4
	13~15 小时	15	1.5	1.5	99.9
	16 小时及以上	1	0.1	0.1	100.0
	总计	979	100.0	100.0	

表3-7　高校青年教师每周进行 30 分钟以上体育锻炼的次数

		人数/人	百分比/%	有效百分比/%	累计百分比/%
	0 次	317	32.4	32.4	32.4
	1 次	200	20.4	20.4	52.8
	2 次	188	19.2	19.2	72.0
	3 次	134	13.7	13.7	85.7
次数	4 次	43	4.4	4.4	90.1
	5 次	54	5.5	5.5	95.6
	6 次及以上	43	4.4	4.4	100.0
	总计	979	100.0	100.0	

表 3-8 　日工作时间与周锻炼时间的相关性

		工作日平均每天投入学术科研的工作时间	每周进行 30 分钟以上体育锻炼的次数
工作日平均每天投入学术科研的工作时间	皮尔逊相关性	1	-0.031
	显著性（双尾）		0.335
	个案数	979	979
每周进行 30 分钟以上体育锻炼的次数	皮尔逊相关性	-0.031	1
	显著性（双尾）	0.335	
	个案数	979	979

表 3-9 　日工作时间与婚育状况、教学科研工作时间比的相关性

		工作日平均每天投入学术科研的工作时间	婚姻及生育状况	实际用于教学、科研工作的时间分配比例
工作日平均每天投入学术科研的工作时间	皮尔逊相关性	1	-0.090**	-0.467**
	显著性（双尾）		0.005	0
	个案数	979	979	979
婚姻及生育状况	皮尔逊相关性	-0.090**	1	0.039
	显著性（双尾）	0.005		0.221
	个案数	979	979	979
实际用于教学、科研工作的时间分配比例	皮尔逊相关性	-0.467**	0.039	1
	显著性（双尾）	0	0.221	
	个案数	979	979	979

注：** 表示在 0.01 级别（双尾），相关性显著。

表 3-10 　婚育状况对日工作时间的解释量

	Eta	Eta 平方
工作日平均每天投入学术科研的工作时间×婚姻及生育状况	0.125	0.016

表 3-11 　教学科研工作时间比对日工作时间的解释量

	Eta	Eta 平方
工作日平均每天投入学术科研的工作时间×实际用于教学、科研工作的时间分配比例	0.506	0.256

现实生活中总有许多高校青年教师抱怨时间不够用，需要投入时间到教学、科研、家庭等各项事务中，他们当中44.6%的人健康状况一般，18.1%的人比较不健康，2.9%的人非常不健康，30%的人比较健康，4.4%的人非常健康（见表3-12）。以上数据显示，只有1/3左右的青年教师的身体处于健康状态，1/5以上的青年教师身体处于不健康状态。青年教师在体力和智力上处于人生的巅峰阶段，但仍然存在如此高的不健康比例确实令人深思。或许有人质疑，对于自身的健康状态很多人是不自知或不能准确自知的，那么这种自我评价的数据是否能够真实反映我国高校青年教师当前的健康状态呢？笔者研究认为，虽然以上数据只是自我评价的结果，但是基于高等学校每年都会组织职工进行健康体检，因此可以相信以上自我评价的结果并非一般意义上的主观自评，而是基于年度体检报告的健康自评，具有较高的参考意义。

表3-12　高校青年教师的健康状态

		人数/人	百分比/%	有效百分比/%	累计百分比/%
健康状态	非常不健康	28	2.9	2.9	2.9
	比较不健康	177	18.1	18.1	20.9
	一般	437	44.6	44.6	65.6
	比较健康	294	30.0	30.0	95.6
	非常健康	43	4.4	4.4	100.0
	总计	979	100.0	100.0	

笔者加入职称变量，对高校教师的健康状况、科研投入时间、体育锻炼时间、教学科研时间比进行方差分析，并对差异显著的进行事后多重比较，研究结果如表3-13所示。除了体育锻炼的时间外，其他三项都在职称这一变量上呈现显著差异（$P = 0.001$，0，0<0.01），即除了体育锻炼时间之外，高校青年教师的健康状况、科研投入时间以及教学科研时间比在不同职称上呈现显著的差异。具体差异可以从多重比较的结果看出（见表3-14），在健康状态上，副教授的身体健康状态显著差于助教和讲师，其他职称之间无统计学显著差异。其原因一方面可能是获得副教授职称的青年教师的年龄较助教和讲师大，另一方面可能是因为获得副教授职称后青年教师受到继续评教授职称的强烈驱动，然而难度巨大，因此压力倍增。在每天投入学术科研工作的时间方面，随着职称的提升，投入逐渐增加，即助教<讲师<副教授<教授，因为各个高校对教师的科研考核随着职称的提升会增加难度，因此职称越高，需要完成的科研工作量就越大，所需投入的时间和精力就越多。在投入教学科研工作时间比

上，除了助教与讲师之间没有显著差异外，其他职称之间均随着职称的提升而下降，即讲师>副教授>教授，助教>副教授>教授，这与各个高校职称的提升会带来科研工作量的增加和教学工作量的减少相关，即职称越高的教师每年所需完成的教学工作任务越少，科研工作任务越多。

表 3-13 研究结果

		平方和	自由度	均方	F	显著性
目前的健康状态	组间	11.606	3	3.869	5.229	0.001
	组内	721.321	975	0.740		
	总计	732.927	978			
工作日平均每天投入学术科研的工作时间	组间	115.297	3	38.432	28.590	0
	组内	1 310.658	975	1.344		
	总计	1 425.955	978			
每周进行 30 分钟以上体育锻炼的次数	组间	0.552	3	0.184	0.063	0.980
	组内	2 867.366	975	2.941		
	总计	2 867.918	978			
实际用于教学、科研工作的时间分配比例	组间	610.617	3	203.539	26.696	0
	组内	7 433.790	975	7.624		
	总计	8 044.407	978			

表 3-14 多重比较

因变量：目前的健康状态

（I）职称	（J）职称	平均值差值 (I-J)	标准误差	显著性	95% 置信区间 下限	95% 置信区间 上限
助教	讲师	0.129	0.086	0.527	−0.11	0.37
	副教授	0.308*	0.092	0.011	0.05	0.56
	教授	0.331	0.135	0.114	−0.05	0.71
讲师	助教	−0.129	0.086	0.527	−0.37	0.11
	副教授	0.179*	0.063	0.045	0	0.35
	教授	0.202	0.118	0.402	−0.13	0.53
副教授	助教	−0.308*	0.092	0.011	−0.56	−0.05
	讲师	−0.179*	0.063	0.045	−0.35	0
	教授	0.023	0.122	0.998	−0.32	0.36

表3-14(续)

（I）职称	（J）职称	平均值差值（I-J）	标准误差	显著性	95% 置信区间	
					下限	上限
教授	助教	-0.331	0.135	0.114	-0.71	0.05
	讲师	-0.202	0.118	0.402	-0.53	0.13
	副教授	-0.023	0.122	0.998	-0.36	0.32

注: * 表示平均值差值的显著性水平为 0.05。

3.5.1.3　高校青年教师的岗位类型及年限

被调查高校青年教师中教学型占比为 22.5%，教学科研型占比为 60.7%，科研型占比为 2.5%，其他类型占比为 14.4%（见表 3-15）。根据访谈可以得知，其他类型主要是指部分高校青年教师担任二级学院或行政部门的管理岗位职务。

高校青年教师中，获取职称的年份不一样，如 41.1% 的助教都是刚工作不到一年的新教师；获取讲师的职称年份比例呈纺锤形——"两头"比例大，29.3% 的讲师获取讲师职称在 2 年以内，16.5% 的讲师是 10 年以上的"老讲师"；青年教师获取教授和副教授职称在 3 年以内的比较多，分别占比 55% 和 49.3%，10 年以上的占比较少，副教授只占 7.6%，教授只占 1.7%（见表 3-16）。

表 3-15　岗位类型分布

		频率	百分比/%	有效百分比/%	累计百分比/%
岗位类型	教学型	220	22.5	22.5	22.5
	教学科研型	594	60.7	60.7	83.1
	科研型	24	2.5	2.5	85.6
	其他	141	14.4	14.4	100.0
	总计	979	100.0	100.0	

表 3-16　职称年份分布

		职称年份									
		<1 年	2 年	3 年	4 年	5 年	6 年	7 年	8 年	9 年	>10 年
助教	计数	51	20	17	8	12	1	5	1	1	8
	百分比	41.1%	16.1%	13.7%	6.5%	9.7%	0.8%	4.0%	0.8%	0.8%	6.5%
讲师	计数	88	56	34	37	57	30	28	46	34	81
	百分比	17.9%	11.4%	6.9%	7.5%	11.6%	6.1%	5.7%	9.4%	6.9%	16.5%

表3-16(续)

		职称年份									
		<1年	2年	3年	4年	5年	6年	7年	8年	9年	>10年
副教授	计数	62	38	50	32	35	26	17	12	9	23
	百分比	20.4%	12.5%	16.4%	10.5%	11.5%	8.6%	5.6%	3.9%	3.0%	7.6%
教授	计数	14	7	12	8	7	5	2	2	2	1
	百分比	23.3%	11.7%	20.0%	13.3%	11.7%	8.3%	3.3%	3.3%	3.3%	1.7%
总计	计数	215	121	113	85	111	62	52	61	46	113
	百分比	22.0%	12.4%	11.5%	8.7%	11.3%	6.3%	5.3%	6.2%	4.7%	11.5%

3.5.1.4 高校青年教师的学术团队及学术平台情况

高校里的学术团队是具有相同研究领域或研究兴趣的科研人员所组成的正式或非正式的学术共同体。学术平台是高校学术团体所成立的实体或非实体的学术组织。关于高校青年教师的学术平台和学术团队的情况的调查结果如图3-2和图3-3所示。

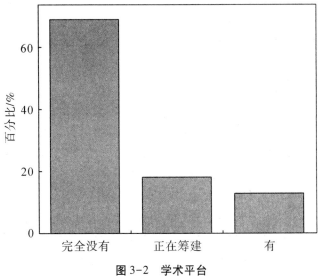

图3-2 学术平台

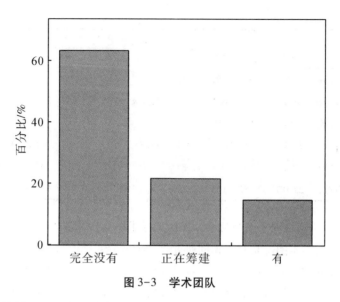

图 3-3　学术团队

　　调查结果显示，高校青年教师的学术平台和学术团队情况令人担忧，超过60%的青年教师完全没有学术平台和学术团队，约20%的青年教师正在筹建学术平台和学术团队，不到20%的青年教师拥有学术平台和学术团队。青年教师处于职业发展的关键期，如果能够拥有一定的学术平台施展才华，拥有学术团队切磋碰撞、相互启发支持，会更有利于激活学术创造性。

　　3.5.1.5　高校青年教师的学术兴趣

　　描述性统计显示（见表 3-17 和图 3-4），40.9%的高校青年教师对学术工作的态度是"比较有兴趣"，12.8%的青年教师对学术工作的态度是"非常有兴趣"，19.2%的青年教师对学术工作的态度是"比较没兴趣"，5.1%的青年教师对学术工作的态度是"完全没兴趣"，22.1%的青年教师对学术工作的态度处于模棱两可（"说不清楚"）的状态。在总体趋势上，大约一半的青年教师对学术工作有兴趣，约 1/4 的青年教师对学术工作比较没兴趣或完全没有兴趣。由此衍生出两个需要思考的问题：一是对于有学术兴趣的青年教师，如何积极地引导其产出创新成果？二是对于没有学术兴趣的这部分青年教师，如何分流或引导其在教学与社会服务方面的兴趣？其在高校的主要使命是什么？是否有必要拿和有学术兴趣的青年教师一样的标准去衡量他们？

表3-17 高校青年教师的学术兴趣

		频率	百分比/%	有效百分比/%	累计百分比/%
	完全没兴趣	50	5.1	5.1	5.1
	比较没兴趣	188	19.2	19.2	24.3
学术	说不清楚	216	22.1	22.1	46.4
兴趣	比较有兴趣	400	40.9	40.9	87.2
	非常有兴趣	125	12.8	12.8	100.0
	总计	979	100.0	100.0	

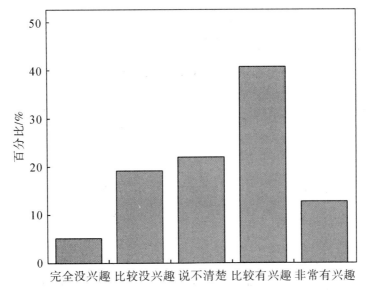

图3-4 学术工作态度

考察不同职称和不同工龄的高校青年教师的学术兴趣差异，表3-18和表3-20的结果显示差异显著（P=0.005，0<0.01），即不同职称的青年教师学术兴趣差异显著，不同工龄的青年教师学术兴趣差异显著。进一步多重比较发现，在当前对待学术的兴趣方面，教授职称的青年教师的学术兴趣显著高于助教、讲师、副教授职称的青年教师，这一点可以用学术自我效能感来解释。拥有教授职称的青年教师在青年教师中属于少数，因此这部分拥有教授职称的青年教师的学术兴趣在较大的自我价值感和自我效能感中受到强化与激励。

在工龄方面，拥有1~3年工龄的青年教师的学术兴趣显著高于10~15年工龄和16~20年工龄的青年教师的学术兴趣（见表3-18和表3-19），即刚入职的青年教师的学术兴趣显著高于工龄10年以上的"老"青年教师，其他工龄之间的学术兴趣差异不构成统计学显著意义（P>0.05）。数据显示，刚进校时的 1~3 年是青年教师最有学术激情的阶段，各高校人事部门应该重视对学术激情关键期里青年教师的学术激励和引导，工作 10~20 年是最容易产生职业倦怠的时期，各高校人事部门要注意唤醒这个工龄阶段教师的学术激励，或者引导其在教学、社会服务等方面有所作为。

表 3-18　职称对学术工作态度的方差分析

	平方和	自由度	均方	F	显著性
组间	15.085	3	5.028	4.304	0.005
组内	1 139.061	975	1.168		
总计	1 154.145	978			

表 3-19　学术工作态度的多重比较

因变量：学术工作态度

(I) 职称	(J) 职称	平均值差值 (I-J)	标准误差	显著性	95% 置信区间	
					下限	上限
助教	讲师	-0.042	0.109	0.985	-0.35	0.26
	副教授	-0.005	0.115	1.000	-0.33	0.32
	教授	-0.535*	0.170	0.020	-1.01	-0.06
讲师	助教	0.042	0.109	0.985	-0.26	0.35
	副教授	0.037	0.079	0.974	-0.18	0.26
	教授	-0.494*	0.148	0.011	-0.91	-0.08
副教授 (副研究员)	助教	0.005	0.115	1.000	-0.32	0.33
	讲师	-0.037	0.079	0.974	-0.26	0.18
	教授	-0.531*	0.153	0.007	-0.96	-0.10
教授 (研究员)	助教	0.535*	0.170	0.020	0.06	1.01
	讲师	0.494*	0.148	0.011	0.08	0.91
	副教授	0.531*	0.153	0.007	0.10	0.96

注：* 表示平均值差值的显著性水平为 0.05。

表 3-20　工龄对学术工作态度的方差分析

	平方和	自由度	均方	F	显著性
组间	28.619	5	5.724	4.948	0
组内	1 125.526	973	1.157		
总计	1 154.145	978			

表 3-21　学术工作态度的多重比较

因变量：学术工作态度

（I）工作时间	（J）工作时间	平均值差值（I-J）	标准误差	显著性	95% 置信区间 下限	95% 置信区间 上限
1~3 年	4~6 年	0.196	0.122	0.766	-0.21	0.60
	7~9 年	0.288	0.122	0.356	-0.12	0.70
	10~15 年	0.428*	0.092	0.001	0.12	0.74
	16~20 年	0.421*	0.118	0.028	0.03	0.82
	21 年及以上	0.347	0.223	0.790	-0.40	1.09
4~6 年	1~3 年	-0.196	0.122	0.766	-0.60	0.21
	7~9 年	0.092	0.139	0.994	-0.37	0.55
	10~15 年	0.232	0.113	0.520	-0.15	0.61
	16~20 年	0.225	0.135	0.736	-0.23	0.68
	21 年及以上	0.151	0.233	0.995	-0.63	0.93
7~9 年	1~3 年	-0.288	0.122	0.356	-0.70	0.12
	4~6 年	-0.092	0.139	0.994	-0.55	0.37
	10~15 年	0.141	0.113	0.908	-0.24	0.52
	16~20 年	0.134	0.135	0.965	-0.32	0.59
	21 年及以上	0.059	0.233	1.000	-0.72	0.83
10~15 年	1~3 年	-0.428*	0.092	0.001	-0.74	-0.12
	4~6 年	-0.232	0.113	0.520	-0.61	0.15
	7~9 年	-0.141	0.113	0.908	-0.52	0.24
	16~20 年	-0.007	0.109	1.000	-0.37	0.36
	21 年及以上	-0.082	0.218	1.000	-0.81	0.65

表3-21(续)

(I) 工作时间	(J) 工作时间	平均值差值 (I-J)	标准误差	显著性	95% 置信区间	
					下限	上限
16~20 年	1~3 年	−0.421*	0.118	0.028	−0.82	−0.03
	4~6 年	−0.225	0.135	0.736	−0.68	0.23
	7~9 年	−0.134	0.135	0.965	−0.59	0.32
	10~15 年	0.007	0.109	1.000	−0.36	0.37
	21 年及以上	−0.075	0.231	1.000	−0.84	0.69
21 年及以上	1~3 年	−0.347	0.223	0.790	−1.09	0.40
	4~6 年	−0.151	0.233	0.995	−0.93	0.63
	7~9 年	−0.059	0.233	1.000	−0.83	0.72
	10~15 年	0.082	0.218	1.000	−0.65	0.81
	16~20 年	0.075	0.231	1.000	−0.69	0.84

注：* 表示平均值差值的显著性水平为 0.05。

有哪些因素可以对高校青年教师的学术兴趣现状进行解释？笔者进一步对各个可能的影响因素进行均值比较并计算效果值（见表3-22），学术平台能够解释学术兴趣总变异量的8%。考虑到效果值若小于或等于0.059表示分组变量与检验变量之间为低度关联强度，效果值若大于或等于0.138表示分组变量与检验变量之间为高度关联强度，效果值大于0.059小于0.138表示分组变量与检验变量之间为中度关联强度①，因此青年教师是否拥有学术平台与其学术兴趣之间为中度关联强度，能解释其8%的变异量（$0.059 < \eta^2 < 0.138$）；学历、学科、高校类别、性别、职称、工龄都能解释学术兴趣的少部分变异，呈现低度关联强度（$\eta^2 < 0.059$）。由此可见，在众多影响因素中，学术平台的建立对于激发青年教师的学术兴趣有较好的效果，因此各个高校在考虑相关激励措施时，除了奖励和惩罚的思路外，多搭建学术平台无疑是一个好方法。

---

① 吴明隆. 问卷统计分析实务——SPSS 操作与应用 [M]. 重庆：重庆大学出版社，2010：337.

表 3-22　学术兴趣的方差分析

		平方和	自由度	均方	F	显著性	η^2
学术兴趣 学术平台	组间	91.782	2	45.891	42.160	0	0.080
	组内	1 062.363	976	1.088			
	总计	1 154.145	978				
学术兴趣 学历	组间	32.484	3	10.828	9.412	0	0.028
	组内	1 121.661	975	1.150			
	总计	1 154.145	978				
学术兴趣 学科	组间	24.000	10	2.400	2.056	0.025	0.021
	组内	1 130.145	968	1.168			
	总计	1 154.145	978				
学术兴趣 高校类别	组间	17.737	3	5.912	5.072	0.002	0.015
	组内	1 136.408	975	1.166			
	总计	1 154.145	978				
学术兴趣 性别	组间	14.144	1	14.144	12.122	0.001	0.012
	组内	1 140.001	977	1.167			
	总计	1 154.145	978				
学术兴趣 职称	组间	15.085	3	5.028	4.304	0.005	0.013
	组内	1 139.061	975	1.168			
	总计	1 154.145	978				
学术兴趣 工龄	组间	28.619	5	5.724	4.948	0	0.025
	组内	1 125.526	973	1.157			
	总计	1 154.145	978				

3.5.1.6　高校青年教师的学术发展走向

笔者对高校青年教师的学术发展走向方面的影响因素进行了调查。

当青年教师被问及"您认为影响青年科研人员学术发展走向最重要的因素是什么"时，选项3"研究团队或研究平台的实力"、选项2"科研人员自身的努力"、选项7"所在高校的学术资源配置情况"排名前三位（见表3-23）。在这三项因素中，研究团队或研究平台的实力、所在高校的学术资源配置情况是外部因素，科研人员自身的努力是内部因素。青年教师普遍认为研究团队或研究平台的实力对学术发展方向的影响最大，这与前面学术兴趣与学术平台的显著相关的分析结果一致。

表 3-23   学术发展走向描述统计

	个案数	平均值	标准差	方差
研究团队或研究平台的实力	979	4.72	4.148	17.204
科研人员自身的努力	979	3.86	4.189	17.544
所在高校的学术资源配置情况	979	2.56	3.499	12.241
学术人脉的搭建	979	2.28	3.475	12.076
科研人员的学术天赋	979	1.99	3.753	14.086
高校职称政策的引导	979	1.84	3.234	10.457
高校科研奖励政策的刺激	979	1.63	2.943	8.663
论文发表的导向	979	1.07	2.539	6.446
科研朋友圈重要他人的指点	979	1.05	2.558	6.546
国家科研制度大背景	979	0.96	2.536	6.434
其他	979	0.04	0.549	0.302
有效个案数（成列）	979			

当青年教师被问及"当前，您进行学术研究最主要的动力来自什么"时，选项4"评职称"、选项2"提升自身学术能力"、选项3"完成学校科研考核任务"排名前三位（见表3-24）。在这三项中，评职称、完成学校科研考核任务均为外部政策驱动力，提升自身学术能力是来自青年教师的内部驱动力，是一种不断自我完善的内部驱动力。评职称被选为最主要的动力，由此可见，职称作为高校教师的外部标签和内部自我认可的介质，在学术动力的驱动上起着极其重要的作用。

表 3-24   学术发展走向影响因素描述统计

	个案数	平均值	标准差	方差
评职称	979	5.59	3.823	14.612
提升自身学术能力	979	4.76	3.933	15.471
完成学校科研考核任务	979	4.73	3.987	15.898
满足个人兴趣	979	2.51	3.982	15.853
获得自我的认可	979	2.31	3.197	10.220
获得国内学术圈认可	979	0.71	2.045	4.180
评硕导博导	979	0.60	1.908	3.639
为人类科技发展和社会文明进步贡献自己的力量	979	0.44	1.705	2.907
获得国际学术圈认可	979	0.27	1.305	1.704
其他	979	0.07	0.711	0.506
有效个案数（成列）	979			

3.5.1.7 高校青年教师的压力状态及压力源

高校青年教师的生活表面上看似自由闲淡，其实充满各种压力。表 3-25 和图 3-5 是对青年教师学术生活的压力状态及压力源的调查结果。

表 3-25 压力源描述统计

	个案数	平均值	标准差	方差
职称评审	979	4.92	3.882	15.066
发表论文	979	4.53	3.897	15.186
申报项目	979	4.32	4.122	16.990
生活压力	979	2.94	4.210	17.722
绩效考核	979	1.94	3.152	9.938
项目结题	979	1.24	2.832	8.023
教学效果	979	0.78	2.223	4.941
其他	979	0.19	1.254	1.571
	979			

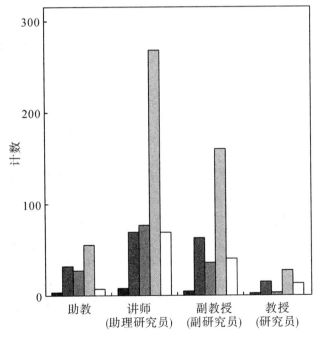

图 3-5 压力状态簇状图

当青年教师被问及"您觉得最让您感觉有压力的事情是什么"时，选项5"职称评审"、选项4"发表论文"、选项2"申报项目"排名前三位。职称在成为青年教师学术研究排名第一的动力后，在最让青年教师感到有压力的事情中也排名第一，而排名第二的发表论文和排名第三的申报项目虽然代表高校对青年教师科研考核的内容，但也间接与职称相关，因为职称评定中最核心、最难达到的要求就是科研成果，即发表论文的总数、主持或主研各级别课题的数量。工作年限、师德师风、教学工作量、社会公益服务等方面的职称要求通过教师本人的主观努力均能顺利达成，而发表论文和申报项目则存在供需失衡。目前国内期刊论文版面和科研项目可立项数远远不能满足高校教师发表论文和申报课题的需要，此矛盾目前无法调和原因有二：一是高校教师人数众多，青年教师评职称需要论文和项目，年长教师每年的绩效考核需要论文和项目，高校排名时高级别期刊论文是重要的产出衡量指标，因此论文发表需求量巨大。二是期刊或基金委员会为保障质量而采用的择优机制决定了差额录用。期刊或基金委员会必须设定差额的选拔机制和丰厚的资金支持，以此激发竞争者的积极性和热情，之后优中选优，差额录用和提供资助。差额则必然会导致少数论文投稿人的录用和多数论文投稿人的落选，也必然会造成项目申报者几家欢喜几家愁的局面。

助教、讲师、副教授、教授职称的青年教师的比例有很大的区别，在分析中比较某个职称中压力状态的绝对比例没有意义，因此笔者选择分析各职称中压力状态的相对比例。笔者通过压力状态和职称交叉表（见表3-26）和压力状态簇状图（见图3-5）可以看出，高校青年教师各个职称的人群中，"压力比较大"的比例是最高的，接近五成甚至超过五成。讲师中"压力比较大"的比例最高，达到54.6%；副教授中"压力比较大"的比例为52.6%；教授中"压力比较大"的比例为45%；助教中"压力比较大"的比例为44.4%。由数据可以看出，处于讲师晋升副教授阶段以及副教授晋升教授阶段的青年教师群体是"压力比较大"状态的比例较高的群体。比较一致的是，在各职称教师中，处于第二位比例的是"心态比较轻松"，助教中有25.8%的人、教授中有25%的人、副教授中有20.7%的人、讲师中有14.1%的人处于"心态比较轻松"的状态。在教授中，21.7%的人表示"压力非常大"，在讲师和副教授中，14.1%的人和13.2%的人表示"压力非常大"，在助教中只有5%的人表示"压力非常大"。

表 3-26　压力状态与职称交叉表

		职称				总计
		助教	讲师（助理研究员）	副教授（副研究员）	教授（研究员）	
压力状态	心态非常轻松　计数	3	8	5	2	18
	占比	2.4%	1.6%	1.6%	3.3%	1.8%
	心态比较轻松　计数	32	69	63	15	179
	占比	25.8%	14.1%	20.7%	25.0%	18.3%
	说不清楚　计数	27	77	36	3	143
	占比	21.8%	15.7%	11.8%	5.0%	14.6%
	压力比较大　计数	55	268	160	27	510
	占比	44.4%	54.6%	52.6%	45.0%	52.1%
	压力非常大　计数	7	69	40	13	129
	占比	5.6%	14.1%	13.2%	21.7%	13.2%
总计	计数	124	491	304	60	979
	占比	100.0%	100.0%	100.0%	100.0%	100.0%

比较性别上的差异，数据显示男女青年教师在压力上无显著差异，P = 0.341<0.05（见表 3-27 和表 3-28）。

表 3-27　压力状态的方差分析

	平方和	自由度	均方	F	显著性
组间	16.248	3	5.416	5.568	0.001
组内	948.384	975	0.973		
总计	964.631	978			

表 3-28　压力状态组统计

	您的性别是：	个案数	平均值	标准差	标准误差平均值
压力状态	男	393	3.62	1.035	0.052
	女	586	3.53	0.963	0.040

比较不同职称情况下青年教师的压力状态，可以发现副教授的压力显著高于助教的压力，讲师的压力显著高于助教的压力，即助教职称的青年教师压力显著低于讲师和副教授职称的青年教师，讲师、副教授、教授职称的青年教师之间的学术压力没有明显的区别（见表 3-29 和表 3-30）。

表 3-29　多重比较

因变量：压力状态

(I) 职称	(J) 职称	平均值差值 (I-J)	标准误差	显著性	95% 置信区间 下限	95% 置信区间 上限
助教	讲师	-0.404*	0.099	0.001	-0.68	-0.13
	副教授	-0.299*	0.105	0.044	-0.59	-0.01
	教授	-0.317	0.155	0.245	-0.75	0.12
讲师	助教	0.404*	0.099	0.001	0.13	0.68
	副教授	0.104	0.072	0.551	-0.10	0.31
	教授	0.087	0.135	0.937	-0.29	0.46
副教授	助教	0.299*	0.105	0.044	0.01	0.59
	讲师	-0.104	0.072	0.551	-0.31	0.10
	教授	-0.017	0.139	0.999	-0.41	0.37
教授	助教	0.317	0.155	0.245	-0.12	0.75
	讲师	-0.087	0.135	0.937	-0.46	0.29
	副教授	0.017	0.139	0.999	-0.37	0.41

注：* 表示平均值差值的显著性水平为 0.05。

表 3-30　压力状态的独立样本检验

		莱文方差等同性检验 F	莱文方差等同性检验 显著性	平均值等同性 t 检验 t	自由度	显著性（双尾）	平均值差值	标准误差差值	差值 95% 置信区间 下限	差值 95% 置信区间 上限
压力状态	假定等方差	0.908	0.341	1.512	977	0.131	0.098	0.065	-0.029	0.225
	不假定等方差			1.490	798.419	0.137	0.098	0.066	-0.031	0.227

数据显示（见表 3-31、图 3-6 和图 3-7），无论是男性青年教师还是女性青年教师，无论其职称是助教、讲师，还是副教授、教授，占比最大的压力状态都是"压力比较大"，且以讲师和副教授职称的青年教师居多。

表 3-31　职称、压力状态与性别交叉表　　　　　　　单位:%

性别			压力状态					总计
			心态非常轻松	心态比较轻松	说不清楚	压力比较大	压力非常大	
男	职称	助教	0.8	2.3	0.8	4.1	0.8	8.7
		讲师	0.5	4.8	6.1	23.2	7.4	42.0
		副教授	0.5	7.9	4.3	19.3	5.9	37.9
		教授	0.5	3.1	0.3	4.8	2.8	11.5
	总计		2.3	18.1	11.5	51.4	16.8	100.0
女	职称	助教		3.9	4.1	6.7	0.7	15.4
		讲师	1.0	8.5	9.0	30.2	6.8	55.6
		副教授	0.5	5.5	3.2	14.3	2.9	26.5
		教授		0.5	0.3	1.4	0.3	2.6
	总计		1.5	18.4	16.7	52.6	10.8	100.0
总计	职称	助教	0.3	3.3	2.8	5.6	0.7	12.7
		讲师	0.8	7.0	7.9	27.4	7.0	50.2
		副教授	0.5	6.4	3.7	16.3	4.1	31.1
		教授	0.2	1.5	0.3	2.8	1.3	6.1
	总计		1.8	18.3	14.6	52.1	13.2	100.0

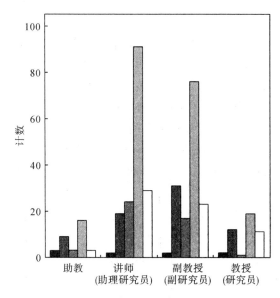

图 3-6　高校男性青年教师的压力状态簇状图

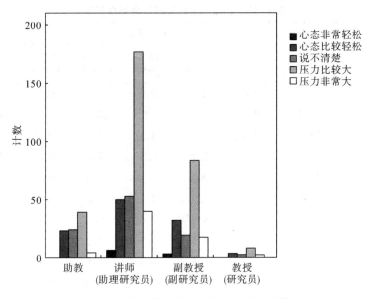

图 3-7　高校女性青年教师的压力状态簇状图

3.5.2　高校青年教师学术取向的特点

3.5.2.1　高校青年教师学术动机

高校青年教师的学术动机状态包含 8 个多项选择排序题，每个题都有若干个选项，要求被访者选出最合乎自己情况的三个选项，并进行排序。笔者在数据录入的时候对于复选题的编码及数据录入采用二分变量的方法，即把每一个选项都当成一个单选程度符合题。选项为三个选项，每个选项被填选的数字最小值为 1，表示最重要的原因；选项是 2 的时候，表示次重要的原因；选项是 3 的时候，表示第三重要的原因。笔者在录入初始数据后，把顺序 1、2、3 根据重要程度分别赋值为 10、7、5，即被排列在第一位的选项得分为 10，被排列在第二位的选项得分为 7，被排列在第三位的选项得分为 5。

青年教师被问及"您选择高校教师作为职业的最主要原因是什么"时，选项 4 "工作稳定"、选项 3 "自己的兴趣使然"、选项 5 "教书育人的美好价值"排名前三（见表 3-32）。"工作稳定"反映了高校青年教师性格特质中求稳的一面，"自己的兴趣使然"和"教书育人的美好价值"反映了高校青年教师在选择职业时充分关注了自身的内在兴趣和教书育人的使命召唤。高校青年教师的职业动机既是社会化方面的理性选择，也有自身兴趣和使命的感性考量。

表 3-32　高校青年教师学术动机状态描述统计

	个案数	平均值	标准差	方差
工作稳定	979	4.48	4.198	17.622
自己的兴趣使然	979	4.28	4.480	20.071
教书育人的美好价值	979	3.99	3.934	15.477
福利好（子女上学、假期、工作时间弹性等）	979	1.99	3.201	10.247
希望能为科技发展和社会文明进步贡献自己的力量）	979	1.82	3.129	9.789
长辈、老师推荐	979	1.68	3.373	11.378
没有其他职业选择	979	0.87	2.630	6.919
其他	979	0.20	1.261	1.591
	979			

当青年教师被问及"您认为影响高校青年教师学术积极性最主要的内部因素是什么"时，选项3"个人努力程度"、选项4"个人能力水平"、选项6"个人行动力水平"排名前三位（见表3-33）。当青年教师被问及"您认为影响高校青年教师学术积极性最主要的外部因素是什么"时，选项1"所在单位职称评审条件"、选项5"周边学术氛围"、选项2"学术成果评价标准"排名前三位（见表3-34）。

从影响学术积极性的内因而言，青年教师客观上把"个人努力程度"排在第一位。从影响学术积极性的外因来说，青年教师把"所在单位职称评审条件"排在第一位。内部归因展示出青年教师的谦虚务实，把个人是否努力作为影响学术积极性高低最重要的因素；外部归因展示出青年教师的压力和无奈，职称政策作为最有力的指挥棒指引了青年教师的学术热情。

表 3-33　影响高校青年教师学术积极性最主要的内部因素

	个案数	平均值	标准差	方差
个人努力程度	979	5.13	3.871	14.985
个人能力水平	979	4.81	3.829	14.663
个人行动力水平	979	3.04	3.443	11.857
周边学术氛围	979	2.79	3.533	12.479
所在单位职称评审条件	979	2.57	4.091	16.734
学术成果评价标准	979	2.35	3.862	14.915
个人抗挫折能力	979	1.01	2.470	6.103
其他	979	0.20	1.261	1.591
有效个案数（成列）	979			

表 3-34　影响高校青年教师学术积极性最主要的外部因素

	个案数	平均值	标准差	方差
所在单位职称评审条件	979	5.33	4.634	21.471
周边学术氛围	979	3.09	3.749	14.051
学术成果评价标准	979	2.41	3.557	12.651
独立自主科研空间	979	2.27	3.639	13.239
高校薪酬待遇	979	2.22	3.329	11.082
论文发表难易程度	979	2.05	3.192	10.187
项目申请难易程度	979	2.04	3.238	10.484
经费投入分配制度	979	1.78	3.178	10.097
经费报销制度	979	0.73	2.092	4.377
其他	979	0.08	0.745	0.555
有效个案数（成列）	979			

3.5.2.2　高校青年教师的学术产出

高校教师的产出包括两个方面：一是教书育人培养人才，二是科学研究产出成果。"十年树木，百年树人"，第一类产出具有延时性，不能即时可见；第二类产出具有一定的显性特征，在一定程度上比人才培养周期短，更容易显现成果。图 3-8 和表 3-35 是对青年教师的学术产出进行调查的结果。

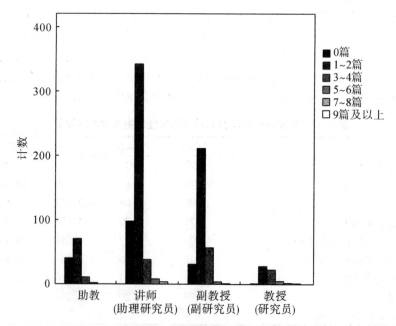

图 3-8　高校青年教师平均每年发表的学术论文

表 3-35 职称与发表论文数量交叉表

| | | | 近三年平均每年发表学术论文数量/篇 | | | | | | 总计 |
			0	1~2	3~4	5~6	7~8	9 及以上	
职称	助教	计数	41	71	11	1	0	0	124
		百分比	33.1%	57.3%	8.9%	0.8%	0	0	100.0%
	讲师	计数	98	343	38	8	4	0	491
		百分比	20.0%	69.9%	7.7%	1.6%	0.8%	0	100.0%
	副教授	计数	31	211	57	4	1	0	304
		百分比	10.2%	69.4%	18.8%	1.3%	0.3%	0	100.0%
	教授	计数	1	28	23	5	2	1	60
		百分比	1.7%	46.7%	38.3%	8.3%	3.3%	1.7%	100.0%
总计		计数	171	653	129	18	7	1	979
		百分比	17.5%	66.7%	13.2%	1.8%	0.7%	0.1%	100.0%

从图 3-8 和表 3-35 可以看出，66.7%的青年教师平均每年发表论文的篇数为 1~2 篇，这个比例在教授中为 46.7%，在副教授中为 69.4%，在讲师中为 69.9%，在助教中为 57.3%。在助教和讲师中，排在第二位的是 0 篇，分别占比 33.1%和 20%，可见在较低职称的青年教师中，近三年没有发表论文的比例不低。在副教授和教授中，排在第二位的是 3~4 篇，分别占比 18.8%和 38.3%，可见在较高职称的青年教师中论文"高产"的比例较高。由数据可知，职称越高的青年教师每年成果发表越多，这一方面可能是因为职称越高，学术功底越强和学术积累越丰厚；另一方面也可能是因为期刊更倾向于接受职称较高的学者的投稿，从而导致职称越高，越容易获得论文发表的机会。

图 3-8 和表 3-35 是对青年教师论文总发表量的考察，根据图 3-9 和表 3-36 对青年教师的高水平论文发表进行进一步挖掘，笔者发现，69.6%的青年教师近三年平均每年的 SSCI/SCI 期刊论文发表量为 0，且在教授、副教授、讲师、助教中都是占比第一位的，分别占 33.3%、59.2%、75.8%、87.9%，占比第二位的是每年发表 1~2 篇 SSCI/SCI 期刊论文，在青年教师中总占比为 25.7%。由于许多 SSCI/SCI 检索期刊论文都需要以英文发表，因此本研究进一步考察 CSSCI 检索期刊（论文以中文发表），结果与 SSCI/SCI 检索期刊论文发表的趋势一致，75.5%的青年教师近三年平均每年发表 CSSCI 期刊论文 0 篇，这个比例在助教中为 83.9%，在讲师中为 79.8%，在副教授中为 66.4%，在教授中为 68.3%。只有 21.7%的青年教师每年发表 CSSCI 期刊论文

1~2篇（见表3-37和图3-10）。70%左右的高校青年教师近三年在国内外高级别刊物上未发表论文。

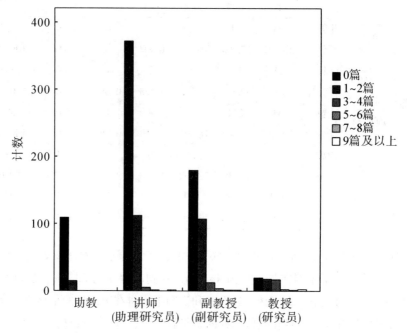

图3-9 不同职称高校青年教师的 SCI/SSCI 论文发表情况

表3-36 职称与近三年 SCI/SSCI 检索期刊论文平均数量交叉表

			近三年 SCI/SSCI 检索期刊论文平均数量/篇						总计
			0	1~2	3~4	5~6	7~8	9 及以上	
职称	助教	计数	109	15	0	0	0	0	124
		百分比	87.9%	12.1%	0	0	0	0	100%
	讲师	计数	372	112	5	1	0	1	491
		百分比	75.8%	22.8%	1.0%	0.2%	0	0.2%	100%
	副教授	计数	180	107	12	3	1	1	304
		百分比	59.2%	35.2%	3.9%	1.0%	0.3%	0.3%	100%
	教授	计数	20	18	17	2	1	2	60
		百分比	33.3%	30.0%	28.3%	3.3%	1.7%	3.3%	100%
总计		计数	681	252	34	6	2	4	979
		百分比	69.6%	25.7%	3.5%	0.6%	0.2%	0.4%	100%

表 3-37　职称与每年平均发表 CSSCI 论文数量交叉表

			近三年每年发表的CSSCI检索期刊论文数量平均/篇					总计
			0	1~2	3~4	5~6	9 及以上	
职称	助教	计数	104	18	1	1	0	124
		百分比	83.9%	14.5%	0.8%	0.8%	0	100.0%
	讲师	计数	392	92	2	3	2	491
		百分比	79.8%	18.7%	0.4%	0.6%	0.4%	100.0%
	副教授	计数	202	88	11	3	0	304
		百分比	66.4%	28.9%	3.6%	1.0%	0	100.0%
	教授	计数	41	14	4	1	0	60
		百分比	68.3%	23.3%	6.7%	1.7%	0	100.0%
总计		计数	739	212	18	8	2	979
		百分比	75.5%	21.7%	1.8%	0.8%	0.2%	100.0%

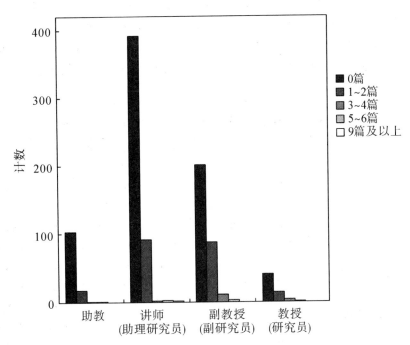

图 3-10　高校青年教师 CSSCI 期刊发表情况

无论是拥有高级职称的教授、副教授，还是职称暂时较低的助教、讲师，高校青年教师们都没有在科研方面懈怠，只有 17.5% 的人最近三年一篇论文都没有发表。在近三年有论文发表的 82.5% 的青年教师中，大多数没有在高级别刊物上发表论文。69.6% 的青年教师近三年没有在 SSCI/SCI 期刊上发表论文，75.5% 的青年教师近三年没有在 CSSCI 期刊上发表论文。没发表论文可能是因为高级别刊物的版面有限且录用严格。对于占比 70% 左右的近三年高级别刊物论文发表数量为 0 的青年教师而言，其失去了外部认可的重要条件——发论文、评职称，也间接体会到了伴随外部衡量标准而产生的自我否定。这么高比例的青年教师必然因此产生角色认同的挫败感，他们应如何自信地以饱满的热情投入人才培养、教学工作中去呢？这是一个令人忧心的问题。

　　81.1% 的青年教师近三年没有主持国家级纵向科研项目，14% 的青年教师近三年主持 1 项国家级纵向科研项目；近三年没有主持国家级纵向科研项目的助教占比为 98.4%，讲师占比为 89.6%，副教授占比为 69.4%，教授占比为 35%，这个逐渐降低的百分比说明，职称越低越难获批国家级纵向课题。1.6% 的助教、8.8% 的讲师、23.4% 的副教授和 35% 的教授近三年主持过 1 项国家级纵向科研项目，这个比例呈逐步增加的趋势。近三年主持过 2 项、3 项、4 项、5 项及以上国家级科研项目的青年教师也呈现这种变化趋势（见表 3-38 和图 3-11）。

表 3-38　职称与近三年主持的国家级纵向科研项目交叉表

			近三年主持的国家级纵向科研项目/项						总计
			0	1	2	3	4	≥5	
职称	助教	计数	122	2	0	0	0	0	124
		百分比	98.4%	1.6%	0	0	0	0	100.0%
	讲师（助理研究员）	计数	440	43	6	0	2	0	491
		百分比	89.6%	8.8%	1.2%	0	0.4%	0	100.0%
	副教授（副研究员）	计数	211	71	14	5	2	1	304
		百分比	69.4%	23.4%	4.6%	1.6%	0.7%	0.3%	100.0%
	教授（研究员）	计数	21	21	13	3	1	1	60
		百分比	35.0%	35.0%	21.7%	5.0%	1.7%	1.7%	100.0%
总计		计数	794	137	33	8	5	2	979
		百分比	81.1%	14.0%	3.4%	0.8%	0.5%	0.2%	100.0%

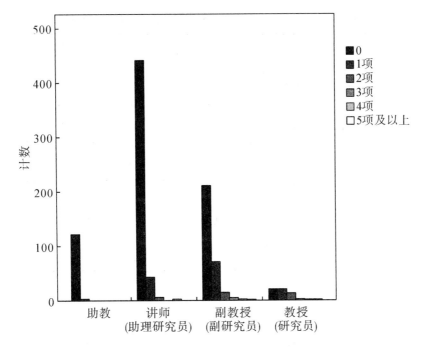

图 3-11　高校青年教师主持国家级项目

　　从表 3-39 和图 3-12 来看，65.1% 的青年教师近三年没有主持过省部级纵向科研项目，23.6% 的青年教师近三年主持过 1 项省部级纵向科研项目，7.9% 的青年教师近三年主持过 2 项省部级纵向科研项目。继续从职称的维度进行细分会发现，对于省部级纵向科研项目，92.7% 的助教、75.4% 的讲师、46.1% 的副教授和 20% 的教授近三年没有获得立项。获得 1 项、2 项的立项趋势与国家级纵向科研项目的立项趋势一致，即随着职称的提升，增加比例呈上升趋势。获得 3 项、4 项、5 项及以上省部级纵向科研项目立项的比例都不高。

表 3-39　职称与近三年主持的省部级纵向科研项目交叉表

		近三年主持的省部级纵向科研项目/项						总计
		0	1	2	3	4	≥5	
职称	助教							
	计数	115	7	2	0	0	0	124
	百分比	92.7%	5.6%	1.6%	0	0	0	100.0%
	讲师(助理研究员)							
	计数	370	91	19	7	4	0	491
	百分比	75.4%	18.5%	3.9%	1.4%	0.8%	0	100.0%
	副教授(副研究员)							
	计数	140	100	46	14	1	3	304
	百分比	46.1%	32.9%	15.1%	4.6%	0.3%	1.0%	100.0%
	教授(研究员)							
	计数	12	33	10	2	1	2	60
	百分比	20.0%	55.0%	16.7%	3.3%	1.7%	3.3%	100.0%
总计	计数	637	231	77	23	6	5	979
	百分比	65.1%	23.6%	7.9%	2.3%	0.6%	0.5%	100.0%

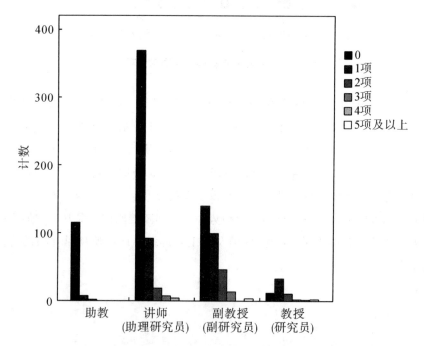

图 3-12　高校青年教师主持省部级纵向科研项目情况

从表 3-40 和图 3-13 来看,横向课题立项的总体比例低于纵向课题立项的总体比例。副教授中有 20.4% 的人近三年主持过 1 项横向科研项目,有 5.6% 的人近三年主持过 3 项横向科研项目,比例较高,其他主持横向科研项目数中均以教授职称为比例最高的职称。进一步分析可以发现，37.2%的副教授近三年主持过横向科研项目，56.7%的教授近三年主持过横向科研项目，其原因可能跟具有教授职称的青年教师更受横向课题委托单位的信任有关，或者是因为具有副教授职称的青年教师将更多精力放在了与职称提升更为相关的纵向课题上。

表 3-40　职称与近三年主持的横向科研项目交叉表

| | | 近三年主持的横向科研项目/项 | | | | | | 总计 |
		0	1	2	3	4	≥5	
职称	助教 计数	108	13	2	0	0	1	124
	助教 百分比	87.1%	10.5%	1.6%	0	0	0.8%	100.0%
	讲师(助理研究员) 计数	386	66	21	10	5	3	491
	讲师(助理研究员) 百分比	78.6%	13.4%	4.3%	2.0%	1.0%	0.6%	100.0%
	副教授(副研究员) 计数	191	62	25	17	2	7	304
	副教授(副研究员) 百分比	62.8%	20.4%	8.2%	5.6%	0.7%	2.3%	100.0%
	教授(研究员) 计数	26	11	14	2	1	6	60
	教授(研究员) 百分比	43.3%	18.3%	23.3%	3.3%	1.7%	10.0%	100.0%
总计	计数	711	152	62	29	8	17	979
	百分比	72.6%	15.5%	6.3%	3.0%	0.8%	1.7%	100.0%

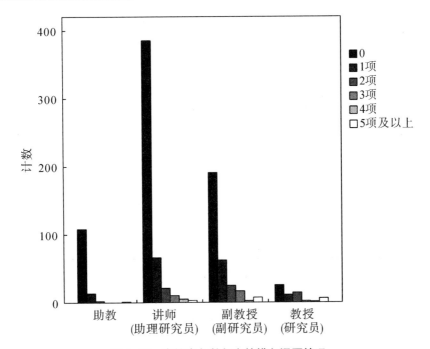

图 3-13　高校青年教师主持横向课题情况

3.5.2.3　高校青年教师的学术创新

笔者在考察青年教师的学术创新时，从两个方面进行：一方面是所在领域的创新难易程度，另一方面是学术成果的创新程度。之后笔者用后者的得分减去前者的得分形成新的变量，即克服既有创新难度所达到的创新高度，命名为创新努力程度。

笔者首先分析各个学科创新难易程度的差异，通过均值曲线（见图 3-14）大致可以看出，哲学专业的青年教师认为本学科创新难度最大，医学专业的创新难度相对较小。选项采用五级评分制，1 表示"非常不容易"，2 表示"比较不容易"，3 表示"一般"，4 表示"比较容易"，5 表示"非常容易"。总体而言，青年教师认为所在学科创新难易程度的平均值是 1.81，即介于"非常不容易"和"比较不容易"之间，得分相对较高的医学专业均值在 2.1 左右，属于比较不容易。笔者进一步通过方差分析的事后多重比较发现，高校青年教师对自己所在学科创新难易程度的判断，除了哲学和文学的创新难度显著高于工学外，其他学科之间的差异不构成统计学显著意义。

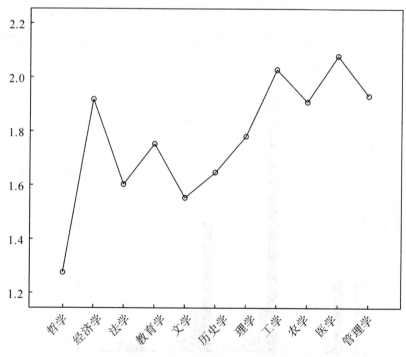

图 3-14　学科创新难易程度自评

同理，笔者分析青年教师对自己学术成果创新程度的自评，1表示"完全没有创新"，2表示"比较没创新"，3表示"一般"，4表示"比较有创新"，5表示"非常有创新"，得分越高越有创新意义。青年教师的学术创新程度自评均值为2.69，介于"比较没有创新"和"一般"之间，各个学科之间的均值有高有低（见表3-41）。根据图3-15中的均值曲线可以看出，哲学专业的青年教师的学术创新程度自评最低，约为2.2；历史学专业的青年教师的学术创新程度自评虽然最高，但也只有约3.1。笔者通过多重均值比较后发现，只有工学与文学之间具有统计学意义上的显著不同，即工学专业的青年教师学术创新程度自评显著高于文学专业的青年教师学术创新程度自评，其他专业青年教师间的学术创新程度自评的差异不构成统计学显著意义。

表3-41　学术成果创新自评

	个案数	最小值	最大值	平均值	标准差	方差
学术成果创新程度	979	1	5	2.69	1.075	1.155
有效个案数（成列）	979					

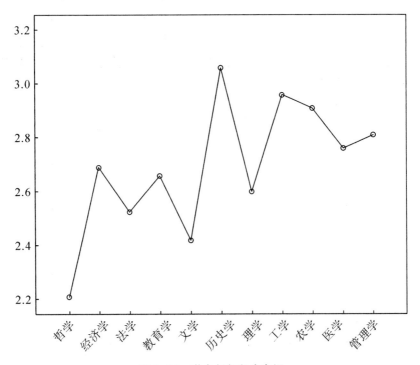

图3-15　学术创新程度自评

笔者进一步对学术创新程度的职称差异进行考察，结果如表3-42和图3-16所示，即教授>副教授>讲师，教授>副教授>助教，讲师与助教之间不构成显著差异。

表3-42　学术成果创新程度的多重比较

因变量：学术成果创新程度

（I）职称	（J）职称	平均值差值(I-J)	标准误差	显著性	95% 置信区间 下限	95% 置信区间 上限
助教	讲师（助理研究员）	-0.226	0.106	0.209	-0.52	0.07
	副教授（副研究员）	-0.460*	0.112	0.001	-0.77	-0.15
	教授（研究员）	-0.954*	0.166	0	-1.42	-0.49
讲师（助理研究员）	助教	0.226	0.106	0.209	-0.07	0.52
	副教授（副研究员）	-0.234*	0.077	0.027	-0.45	-0.02
	教授（研究员）	-0.728*	0.144	0	-1.13	-0.32
副教授（副研究员）	助教	0.460*	0.112	0.001	0.15	0.77
	讲师（助理研究员）	0.234*	0.077	0.027	0.02	0.45
	教授（研究员）	-0.495*	0.149	0.012	-0.91	-0.08
教授（研究员）	助教	0.954*	0.166	0	0.49	1.42
	讲师（助理研究员）	0.728*	0.144	0	0.32	1.13
	副教授（副研究员）	0.495*	0.149	0.012	0.08	0.91

注：*表示平均值差值的显著性水平为 0.05。

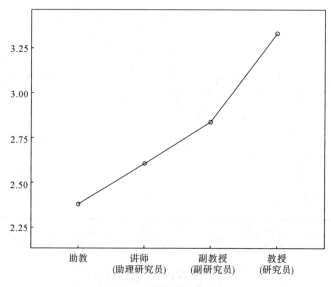

图3-16　学术创新程度自评

基于演化博弈理论的高校青年教师学术生态形成机制研究

笔者将青年教师学术创新的自评分与其所在学科的创新难易程度相减,得到青年教师的学术努力程度新题项,图3-17的均值曲线显示历史学科的青年教师的创新努力程度最高,医学学科的青年教师的创新努力程度最低。

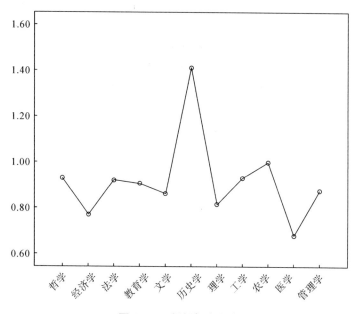

图 3-17　创新努力程度

笔者通过多重比较创新努力程度的职称差异发现(见表3-43和图3-18),教授的创新努力程度显著高于讲师和助教的创新努力程度,副教授的创新努力程度显著高于助教的创新努力程度,副教授与教授之间、副教授与讲师之间、讲师与助教之间都不存在显著的创新努力程度差异,呈现一种相邻差距不显著、相间及以上差距显著的特点。

表 3-43　创新努力程度的多重比较

因变量:创新努力程度

（I）职称	（J）职称	平均值差值(I-J)	标准误差	显著性	95% 置信区间	
					下限	上限
助教	讲师(助理研究员)	-0.187 83	0.111 70	0.419	-0.500 6	0.125 0
	副教授(副研究员)	-0.344 97*	0.118 42	0.038	-0.676 6	-0.013 3
	教授(研究员)	-0.654 84*	0.174 78	0.003	-1.144 3	-0.165 4
讲师(助理研究员)	助教	0.187 83	0.111 70	0.419	-0.125 0	0.500 6
	副教授(副研究员)	-0.157 14	0.081 11	0.290	-0.384 3	0.070 0
	教授(研究员)	-0.467 01*	0.151 99	0.024	-0.892 6	-0.041 4

表3-43(续)

（I）职称	（J）职称	平均值差值(I-J)	标准误差	显著性	95% 置信区间	
					下限	上限
副教授（副研究员）	助教	0.344 97*	0.118 42	0.038	0.013 3	0.676 6
	讲师（助理研究员）	0.157 14	0.081 11	0.290	-0.070 0	0.384 3
	教授（研究员）	-0.309 87	0.157 00	0.274	-0.749 5	0.129 8
教授（研究员）	助教	0.654 84*	0.174 78	0.003	0.165 4	1.144 3
	讲师（助理研究员）	0.467 01*	0.151 99	0.024	0.041 4	0.892 6
	副教授（副研究员）	0.309 87	0.157 00	0.274	-0.129 8	0.749 5

注：*表示平均值差值的显著性水平为 0.05。

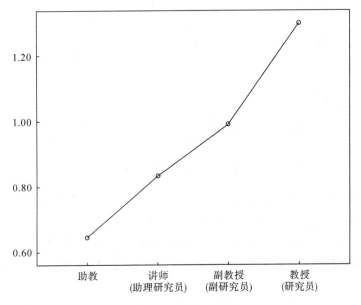

图 3-18　创新努力程度

3.5.2.4　高校青年教师的学术伦理

当高校青年教师被问及身边是否有人存在学术不端行为时，41.3%的青年教师回答"有"，15.7%的青年教师回答"没有"，另有43%的青年教师回答"不清楚"（见表3-44）。"有"与"没有"的回答代表一种确信，"不清楚"的回答代表一种不确定或怀疑。高校青年教师作为未来社会科技、文明的中流砥柱，其中41.3%的人非常确认身边有学术不端的行为，另外有43%的人不确定或怀疑身边存在学术不端行为，只有15.7%的人确信身边都是坚守学术诚信的。青年教师处在学术社会化的关键时期，他们必然会向身边学术成绩显著的前辈或同事学习经验，因此学术风气的引领与熏陶至关重要，然而以上数据却令人担心，到底是哪里出了问题？2018年7月，中共中央办公厅和国务院办公厅印发的《关于深化项目评审、人才评价、机构评估改革的意见》提出，突出品德、能力、业绩导向，克服唯论文、唯职称、唯学历、唯奖项倾向，推行代表作评价制度，注重标志性成果的质量、贡献、影响[1]。2018年10月23日，中国科技部官网发出一则重要通知，题为《科技部 教育部 人力资源和社会保障部 中科院 工程院关于开展清理"唯论文、唯职称、唯学历、唯奖项"专项行动的通知》[2]，要求重点清理学科评估、"双一流"建设、基地建设、成果奖励、人才项目等活动中涉及"四唯"的做法，指导和督促所属高校清理内部管理中涉及"四唯"的做法；要求重点清理人才项目、职称评审等活动中涉及"四唯"的做法。我国高校教师尤其是青年教师的学术环境会面临一个生态改善的良好契机。

表 3-44　身边学术不端行为

		人数/人	百分比/%	有效百分比/%	累计百分比/%
学术不端行为	有	404	41.3	41.3	41.3
	没有	154	15.7	15.7	57.0
	不清楚	421	43.0	43.0	100.0
	总计	979	100.0	100.0	

当进一步被问及对学术不端行为的态度时，45.3%的青年教师表示每个人的价值观不一样，自己没有学术不端但对此表示理解；32.5%的青年教师认为学术不端跟人品有关，不能接受；12.3%的青年教师认为学术大环境不佳，只能顺势而为，不然没有出路；6%的青年教师表示学术发表压力太大，允许自己或别人偶尔学术不端（见表3-45）。青年教师的价值观在学术社会适应中从认知到行为上发生嬗变。

---

① 中共中央办公厅，国务院办公厅. 中共中央办公厅 国务院办公厅印发《关于深化项目评审、人才评价、机构评估改革的意见》[EB/OL]. (2018-07-03) [2021-06-26]. http://www.xinhuanet.com/politics/2018-07/03/c_1123074267.htm.

② 科技部，教育部，人力资源和社会保障部，等. 科技部 教育部 人力资源和社会保障部 中科院 工程院关于开展清理"唯论文、唯职称、唯学历、唯奖项"专项行动的通知 [EB/OL]. (2018-10-25) [2021-06-26]. http://www.most.gov.cn/xxgk/xinxifenlei/fdzdgknr/fgzc/gfxwj/gfxwj2018/201902/t20190213_145084.htm.

表 3-45　青年教师对学术不端行为的态度

		人数/人	百分比/%	有效百分比/%	累计百分比/%
态度	学术大环境不佳，只能顺势而为，不这样没出路	120	12.3	12.3	12.3
	学术发表压力大，允许自己或别人偶尔学术不端	59	6.0	6.0	18.3
	每个人的价值观不一样，自己没有学术不端但对此表示理解	443	45.3	45.3	63.5
	学术不端跟人品相关，不能接受	318	32.5	32.5	96.0
	其他	39	4.0	4.0	100.0
	总计	979	100.0	100.0	

为了确认不同职称之间的青年教师对学术不端态度是否存在差异，笔者进行了方差分析和事后检验（见表 3-46 和表 3-47），发现不同职称的青年教师之间对待学术不端的态度不存在显著差异（P 值均大于 0.05）。

表 3-46　青年教师对学术不端的态度的方差分析

	平方和	自由度	均方	F	显著性
组间	7.651	3	2.550	2.497	0.058
组内	995.739	975	1.021		
总计	1 003.389	978			

表 3-47　青年教师对学术不端的态度的多重比较

因变量：对学术不端的态度

(I) 职称	(J) 职称	平均值差值 (I-J)	标准误差	显著性	95% 置信区间 下限	95% 置信区间 上限
助教	讲师	0.163	0.102	0.462	-0.12	0.45
	副教授	0.044	0.108	0.983	-0.26	0.35
	教授	-0.148	0.159	0.834	-0.59	0.30
讲师	助教	-0.163	0.102	0.462	-0.45	0.12
	副教授	-0.119	0.074	0.457	-0.33	0.09
	教授	-0.311	0.138	0.168	-0.70	0.08
副教授	助教	-0.044	0.108	0.983	-0.35	0.26
	讲师	0.119	0.074	0.457	-0.09	0.33
	教授	-0.192	0.143	0.614	-0.59	0.21

表3-47(续)

（I）职称	（J）职称	平均值差值（I-J）	标准误差	显著性	95% 置信区间	
					下限	上限
教授	助教	0.148	0.159	0.834	−0.30	0.59
	讲师	0.311	0.138	0.168	−0.08	0.70
	副教授	0.192	0.143	0.614	−0.21	0.59

3.5.2.5 高校青年教师的学术幸福感

笔者在考察青年教师学术幸福感时，主要是通过学术开始和结束时的压力状态与感受来判断的。开始一个学术项目时，33.8%的青年教师表示压力很大，内心充满焦虑感，担心无法产出好成果；34.1%的青年教师表示有较大压力，压力变动力，憧憬产出好成果；27.5%的青年教师表示压力一般，预期会遇到困难，但享受解决问题的过程，在过程中可能产出好成果（见表3-48）。当完成一个学术项目时，41.3%的青年教师感觉如释重负，内心充满轻松感；17.4%的青年教师感觉评职称还不够，内心充满焦虑感；29.6%的青年教师认可自己的付出，内心充满收获感（见表3-49）。

表3-48　启动一个项目时的感受

		人数/人	百分比/%	有效百分比/%	累计百分比/%
感受	压力很大，内心充满焦虑，担心无法产出好成果	331	33.8	33.8	33.8
	有较大压力，压力变动力，憧憬产出好成果	334	34.1	34.1	67.9
	压力一般，预期会遇到困难，但享受解决问题的过程，在过程中可能产出好成果	269	27.5	27.5	95.4
	完全没有压力，按照研究方案推进，不担心产出成果	36	3.7	3.7	99.1
	其他	9	0.9	0.9	100.0
	总计	979	100.0	100.0	

表 3-49　完成一个项目时的感受

		人数/人	百分比/%	有效百分比/%	累计百分比/%
感受	终于解脱，内心充满厌恶感	52	5.3	5.3	5.3
	如释重负，内心充满轻松感	404	41.3	41.3	46.6
	评职称还不够，内心充满焦虑感	170	17.4	17.4	63.9
	认可自己的付出，内心充满收获感	290	29.6	29.6	93.6
	满意自己的成果，内心充满学术幸福感	58	5.9	5.9	99.5
	其他	5	0.5	0.5	100.0
	总计	979	100.0	100.0	

笔者以学术幸福感为因变量，将学术创新、创新努力程度、学术伦理、学术产出这几个自变量代入方程进行逐步回归。结果发现（见表 3-50 和表 3-51），这四个变量对学术幸福感的解释力度都达到了显著性水平（P=0）。根据标准化回归系数，回归方程可以列为：学术幸福感=0.315×学术创新+0.157×创新努力程度+0.159×学术伦理+0.144×学术产出。根据表 3-52 中调整后的 R^2 变化值可以看出，在众多变量中，学术创新这个变量对学术幸福感的解释量为 18.5%，即能给青年学者带来学术愉悦的最大因素是创新。

表 3-50　回归模型摘要

模型	R	R^2	调整后 R^2	标准估算的误差
1	0.431[a]	0.186	0.185	0.545 82
2	0.462[b]	0.213	0.212	0.536 74
3	0.485[c]	0.235	0.233	0.529 57
4	0.503[d]	0.253	0.250	0.523 65

注：a. 预测变量（常量）：学术创新。

　　b. 预测变量（常量）：学术创新、创新努力程度。

　　c. 预测变量（常量）：学术创新、创新努力程度、学术伦理。

　　d. 预测变量（常量）：学术创新、创新努力程度、学术伦理、学术产出。

表 3-51 回归系数^a

模型		非标准化系数		标准化系数	t	显著性
		B	标准误差	Beta		
1	（常量）	1.991	0.052		38.336	0
	学术创新	0.324	0.022	0.431	14.920	0
2	（常量）	1.972	0.051		38.554	0
	学术创新	0.296	0.022	0.393	13.520	0
	创新努力程度	0.092	0.016	0.170	5.858	0
3	（常量）	1.718	0.070		24.547	0
	学术创新	0.274	0.022	0.365	12.471	0
	创新努力程度	0.093	0.015	0.172	5.974	0
	学术伦理	0.118	0.023	0.150	5.253	0
4	（常量）	1.498	0.083		18.069	0
	学术创新	0.237	0.023	0.315	10.257	0
	创新努力程度	0.085	0.015	0.157	5.481	0
	学术伦理	0.126	0.022	0.159	5.638	0
	学术产出	0.200	0.042	0.144	4.816	0

注：a. 因变量：学术幸福感平均。

3.5.3 高校青年教师学术取向的差异性分析

上一阶段是对青年教师的学术取向的各具体题项进行分析，本部分开始对学术取向的各个维度进行综合分析。各维度得分的计算方法是按照最初的理论维度计算出其所含各题项的平均分，从而得出这个维度的得分（见表3-52）。

表 3-52 各维度描述统计

	个案数	平均值	标准差	方差
学术动机平均	979	4.185 3	0.958 26	0.918
学术产出平均	979	1.459 1	0.434 86	0.189
学术创新平均	979	2.250 3	0.803 04	0.645
学术伦理平均	979	2.558 2	0.765 22	0.586
学术幸福感平均	979	2.720 3	0.604 50	0.365
有效个案数（成列）	979			

3.5.3.1　高校青年教师学术取向的学校差异

本次调查所涉及的院校样本包括"985 工程"建设院校、"211 工程"建设院校、普通本科院校和高职高专院校。不同类型的院校在办学宗旨和人才选拔上有不同的倾向性，即使是同一科研院所毕业的青年科研人员，如果进入不同类型的高校，是否会在学术取向上有不一样的发展方向呢？调查结果如表 3-53 至表 3-55 所示。

表 3-53　学术取向各维度描述统计

	高校类别	平均值	标准偏差	个案数
学术动机	高职高专院校	4.204 1	0.785 18	114
	本科院校	4.223 0	0.985 81	746
	"211 工程"建设院校	3.955 6	0.889 04	105
	"985 工程"建设院校	3.747 6	0.994 75	14
	总计	4.185 3	0.958 26	979
学术产出	高职高专院校	1.338 3	0.388 22	114
	本科院校	1.410 8	0.369 11	746
	"211 工程"建设院校	1.843 5	0.550 98	105
	"985 工程"建设院校	2.132 7	0.857 99	14
	总计	1.459 1	0.434 86	979
学术伦理	高职高专院校	2.434 2	0.774 35	114
	本科院校	2.569 7	0.771 88	746
	"211 工程"建设院校	2.585 7	0.728 73	105
	"985 工程"建设院校	2.750 0	0.509 52	14
	总计	2.558 2	0.765 22	979
学术创新	高职高专院校	1.978 1	0.750 78	114
	本科院校	2.226 5	0.803 28	746
	"211 工程"建设院校	2.661 9	0.708 79	105
	"985 工程"建设院校	2.642 9	0.633 32	14
	总计	2.250 3	0.803 04	979
学术幸福感平均	高职高专院校	2.571 9	0.563 10	114
	本科院校	2.709 7	0.596 04	746
	"211 工程"建设院校	2.960 0	0.648 90	105
	"985 工程"建设院校	2.700 0	0.585 73	14
	总计	2.720 3	0.604 50	979

表3-53(续)

	高校类别	平均值	标准偏差	个案数
	高职高专院校	2.505 3	0.368 34	114
	本科院校	2.627 9	0.387 43	746
学术取向	"211 工程"建设院校	2.801 3	0.353 36	105
	"985 工程"建设院校	2.794 6	0.415 39	14
	总计	2.634 6	0.388 49	979

表 3-54 多变量检验[a]

效应		值	F	假设自由度	误差自由度	显著性	偏 Eta 平方
截距	比莱轨迹	0.913	2 026.258[b]	5.000	971.000	0	0.913
	威尔克 Lambda	0.087	2 026.258[b]	5.000	971.000	0	0.913
	霍特林轨迹	10.434	2 026.258[b]	5.000	971.000	0	0.913
	罗伊最大根	10.434	2 026.258[b]	5.000	971.000	0	0.913
学校类型	比莱轨迹	0.162	11.131	15.000	2 919.000	0	0.054
	威尔克 Lambda	0.840	11.645	15.000	2 680.905	0	0.056
	霍特林轨迹	0.188	12.121	15.000	2 909.000	0	0.059
	罗伊最大根	0.171	33.315[c]	5.000	973.000	0	0.146

注：a. 设计：截距 + 学校类型。

b. 精确统计。

c. 此统计是生成显著性水平下限的 F 的上限。

表 3-55 主体间效应检验

	因变量	III 类平方和	自由度	均方	F	显著性	偏 Eta 平方
修正模型	学术动机	9.323[a]	3	3.108	3.409	0.017	0.010
	学术产出	25.275[b]	3	8.425	51.445	0	0.137
	学术伦理	2.446[c]	3	0.815	1.394	0.243	0.004
	学术创新	28.816[d]	3	9.605	15.560	0	0.046
	学术幸福感	8.633[e]	3	2.878	8.045	0	0.024
	学术取向	5.216[f]	3	1.739	11.906	0	0.035

表3-55(续)

	因变量	III 类平方和	自由度	均方	F	显著性	偏 Eta 平方
截距	学术动机	2 857.136	1	2 857.136	3 134.474	0	0.763
	学术产出	496.675	1	496.675	3 032.840	0	0.757
	学术伦理	1 173.977	1	1 173.977	2 007.289	0	0.673
	学术创新	993.009	1	993.009	1 608.622	0	0.623
	学术幸福感	1 314.649	1	1 314.649	3 675.333	0	0.790
	学术取向	1 264.114	1	1 264.114	8 656.190	0	0.899
学校类型	学术动机	9.323	3	3.108	3.409	0.017	0.010
	学术产出	25.275	3	8.425	51.445	0	0.137
	学术伦理	2.446	3	0.815	1.394	0.243	0.004
	学术创新	28.816	3	9.605	15.560	0	0.046
	学术幸福感	8.633	3	2.878	8.045	0	0.024
	学术取向	5.216	3	1.739	11.906	0	0.035
误差	学术动机	888.732	975	0.912			
	学术产出	159.672	975	0.164			
	学术伦理	570.235	975	0.585			
	学术创新	601.872	975	0.617			
	学术幸福感	348.753	975	0.358			
	学术取向	142.385	975	0.146			
总计	学术动机	18 046.867	979				
	学术产出	2 269.122	979				
	学术伦理	6 979.750	979				
	学术创新	5 588.000	979				
	学术幸福感	7 602.160	979				
	学术取向	6 943.125	979				
修正后总计	学术动机	898.055	978				
	学术产出	184.947	978				
	学术伦理	572.681	978				
	学术创新	630.687	978				
	学术幸福感	357.385	978				
	学术取向	147.601	978				

注：a. R^2 = 0.010（调整后 R^2 = 0.007）。
b. R^2 = 0.137（调整后 R^2 = 0.134）。
c. R^2 = 0.004（调整后 R^2 = 0.001）。
d. R^2 = 0.046（调整后 R^2 = 0.043）。
e. R^2 = 0.024（调整后 R^2 = 0.021）。
f. R^2 = 0.035（调整后 R^2 = 0.032）。

由主体间效应检验可以看出（见表3-55），学术取向总分及学术动机、学术产出、学术伦理、学术创新、学术幸福感五个分维度中除了学术伦理（P＝0.243>0.05）外，其他维度都与高校教师所在的学校类型相关（P＝0<0.05，P＝0.017<0.05），达到统计显著标准。关联强度指标值 w^2 等于调整后的 R^2 值，调整后的 $R^2＝0.134$。根据科恩（Cohen，1988）的观点，值大于0.138表示一种高度关联强度，介于0.059~0.138之间属于中度关联强度，小于0.059属于低度关联强度。学术产出可以被学校类型变量解释13.4%，因此学校类型与学术产出属于接近高度关联强度，学术动机、学术创新、学术幸福感以及学术取向总分与学校类型为低度相关。笔者对学术产出进行多重比较发现（如表3-56），"985工程"建设院校与"211工程"建设院校青年教师之间的学术产出没有显著差异，但都显著高于非"985工程"建设、非"211工程"建设本科院校及高职高专院校，本科院校和高职高专院校之间没有显著差异。这可能是因为"985工程"建设院校和"211工程"建设院校在招聘选拔青年教师的时候，更看重他们的学术产出潜能，抑或是这类高校的办学目标侧重点有所不同，在学术平台的建设以及对青年教师的学术支持上力度更大。

表3-56　学术产出的多重比较

因变量	（I）高校类别	（J）高校类别	平均值差值（I-J）	标准误差	显著性	95% 置信区间	
						下限	上限
学术产出	高职高专院校	本科院校	−0.072 4	0.040 69	0.367	−0.186 4	0.041 5
		"211工程"建设院校	−0.505 2*	0.054 74	0	−0.658 5	−0.351 9
		"985工程"建设院校	−0.794 3*	0.114 60	0	−1.115 2	−0.473 4
	本科院校	高职高专院校	0.072 4	0.040 69	0.367	−0.041 5	0.186 4
		"211工程"建设院校	−0.432 8*	0.042 18	0	−0.550 9	−0.314 7
		"985工程"建设院校	−0.721 9*	0.109 17	0	−1.027 6	−0.416 2
	"211工程"建设院校	高职高专院校	0.505 2*	0.054 74	0	0.351 9	0.658 5
		本科院校	0.432 8*	0.042 18	0	0.314 7	0.550 9
		"985工程"建设院校	−0.289 1	0.115 14	0.098	−0.611 6	0.033 3
	"985工程"建设院校	高职高专院校	0.794 3*	0.114 60	0	0.473 4	1.115 2
		本科院校	0.721 9*	0.109 17	0	0.416 2	1.027 6
		"211工程"建设院校	0.289 1	0.115 14	0.098	−0.033 3	0.611 6

注：基于实测平均值。

误差项是均方（误差）＝0.146。

* 表示平均值差值的显著性水平为0.05。

3.5.3.2 高校青年教师学术取向的性别差异

在传统意义上，女性在家庭中承担了更多生育和养育子女的任务，那么这一背景下男女青年教师之间是否存在学术取向上的差异呢？主体间效应检验数据显示（见表3-57和表3-58），性别差异在学术取向的总分及学术动机、学术产出、学术创新、学术伦理、学术幸福感五个维度上的差异均显著，显著性概率值 P 均小于 0.05，根据调整后的 R^2，即关联强度 w^2 的值中只有"学术产出"这一维度，$w^2 = 0.098$，介于 0.059~0.138 之间，与性别变量属于中度关联强度。其他维度和学术取向总分与性别的关联强度由于都小于 0.059，属于低度关联强度。以上数据表明，性别差异能够解释男女青年教师在学术产出差异上的 9.8%，在学术创新、学术动机、学生伦理、学术幸福感上存在微小的统计学意义上的性别差异。这一结果可能在于与男性青年教师相比，女性青年教师在青壮年时期更多地承担了子女养育的相关责任，而孕育期前后的 2~3 年，短期来看有可能是女性青年教师学术生涯关键期的断层期。

表 3-57　多变量检验[a]

效应		值	F	假设自由度	误差自由度	显著性	偏 Eta 平方
截距	比莱轨迹	0.981	10 236.570[b]	5.000	973.000	0	0.981
	威尔克 Lambda	0.019	10 236.570[b]	5.000	973.000	0	0.981
	霍特林轨迹	52.603	10 236.570[b]	5.000	973.000	0	0.981
	罗伊最大根	52.603	10 236.570[b]	5.000	973.000	0	0.981
性别	比莱轨迹	0.118	25.974[b]	5.000	973.000	0	0.118
	威尔克 Lambda	0.882	25.974[b]	5.000	973.000	0	0.118
	霍特林轨迹	0.133	25.974[b]	5.000	973.000	0	0.118
	罗伊最大根	0.133	25.974[b]	5.000	973.000	0	0.118

注：a. 设计：截距 + 性别。

　　b. 精确统计。

表 3-58　主体间效应检验

	因变量	III 类平方和	自由度	均方	F	显著性	偏 Eta 平方
修正模型	学术动机	11.800[a]	1	11.800	13.008	0	0.013
	学术产出	18.286[b]	1	18.286	107.195	0	0.099
	学术伦理	3.187[c]	1	3.187	5.468	0.020	0.006
	学术创新	18.884[d]	1	18.884	30.156	0	0.030
	学术幸福感	5.918[e]	1	5.918	16.451	0	0.017
	学术取向	1.361[f]	1	1.361	9.096	0.003	0.009
截距	学术动机	16 308.914	1	16 308.914	17 978.812	0	0.948
	学术产出	2 079.347	1	2 079.347	12 189.564	0	0.926
	学术伦理	6 102.950	1	6 102.950	10 469.963	0	0.915
	学术创新	4 883.652	1	4 883.652	7 798.789	0	0.889
	学术幸福感	7 043.481	1	7 043.481	19 579.284	0	0.952
	学术取向	6 568.654	1	6 568.654	43 883.996	0	0.978
性别	学术动机	11.800	1	11.800	13.008	0	0.013
	学术产出	18.286	1	18.286	107.195	0	0.099
	学术伦理	3.187	1	3.187	5.468	0.020	0.006
	学术创新	18.884	1	18.884	30.156	0	0.030
	学术幸福感	5.918	1	5.918	16.451	0	0.017
	学术取向	1.361	1	1.361	9.096	0.003	0.009
误差	学术动机	886.255	977	0.907			
	学术产出	166.661	977	0.171			
	学术伦理	569.494	977	0.583			
	学术创新	611.804	977	0.626			
	学术幸福感	351.467	977	0.360			
	学术取向	146.240	977	0.150			
总计	学术动机	18 046.867	979				
	学术产出	2 269.122	979				
	学术伦理	6 979.750	979				
	学术创新	5 588.000	979				
	学术幸福感	7 602.160	979				
	学术取向	6 943.125	979				

表3-58(续)

	因变量	III 类平方和	自由度	均方	F	显著性	偏 Eta 平方
修正后总计	学术动机	898.055	978				
	学术产出	184.947	978				
	学术伦理	572.681	978				
	学术创新	630.687	978				
	学术幸福感	357.385	978				
	学术取向	147.601	978				

注：a. $R^2 = 0.013$（调整后 $R^2 = 0.012$）。

b. $R^2 = 0.099$（调整后 $R^2 = 0.098$）。

c. $R^2 = 0.006$（调整后 $R^2 = 0.005$）。

d. $R^2 = 0.030$（调整后 $R^2 = 0.029$）。

e. $R^2 = 0.017$（调整后 $R^2 = 0.016$）。

f. $R^2 = 0.009$（调整后 $R^2 = 0.008$）。

3.5.3.3　高校青年教师学术取向的年龄差异

根据年龄与学术取向的多因素方差分析（见表3-59和表3-60），结果显示学术产出、学术伦理、学术取向总分与年龄相关（$P = 0$，0.009，$0.030 < 0.05$），进一步事后比较，结果如表3-61所示。

表 3-59　主体间因子

		值标签	个案数
年龄	1	25~30 岁	139
	2	31~35 岁	249
	3	36~40 岁	375
	4	41~45 岁	216

表 3-60　年龄差异多变量检验[a]

	效应	值	F	假设自由度	误差自由度	显著性	偏 Eta 平方
截距	比莱轨迹	0.980	9 339.087[b]	5.000	971.000	0	0.980
	威尔克 Lambda	0.020	9 339.087[b]	5.000	971.000	0	0.980
	霍特林轨迹	48.090	9 339.087[b]	5.000	971.000	0	0.980
	罗伊最大根	48.090	9 339.087[b]	5.000	971.000	0	0.980

表3-60(续)

效应		值	F	假设自由度	误差自由度	显著性	偏 Eta 平方
年龄	比莱轨迹	0.052	3.401	15.000	2 919.000	0	0.017
	威尔克 Lambda	0.949	3.419	15.000	2 680.905	0	0.017
	霍特林轨迹	0.053	3.434	15.000	2 909.000	0	0.017
	罗伊最大根	0.039	7.562[c]	5.000	973.000	0	0.037

注：a. 设计：截距 + 年龄。

b. 精确统计。

c. 此统计是生成显著性水平下限的 F 的上限。

表3-61　主体间效应检验

	因变量	III 类平方和	自由度	均方	F	显著性	偏 Eta 平方
修正模型	学术动机	2.440[a]	3	0.813	0.886	0.448	0.003
	学术产出	4.485[b]	3	1.495	8.078	0	0.024
	学术伦理	6.725[c]	3	2.242	3.862	0.009	0.012
	学术创新	3.281[d]	3	1.094	1.700	0.165	0.005
	学术幸福感	2.842[e]	3	0.947	2.605	0.051	0.008
	学术取向	1.344[f]	3	0.448	2.986	0.030	0.009
截距	学术动机	15 221.685	1	15 221.685	16 570.904	0	0.944
	学术产出	1 805.724	1	1 805.724	9 756.012	0	0.909
	学术伦理	5 772.794	1	5 772.794	9 945.068	0	0.911
	学术创新	4 399.344	1	4 399.344	6 836.651	0	0.875
	学术幸福感	6 396.523	1	6 396.523	17 590.531	0	0.947
	学术取向	6 026.564	1	6 026.564	40 175.051	0	0.976
年龄	学术动机	2.440	3	0.813	0.886	0.448	0.003
	学术产出	4.485	3	1.495	8.078	0	0.024
	学术伦理	6.725	3	2.242	3.862	0.009	0.012
	学术创新	3.281	3	1.094	1.700	0.165	0.005
	学术幸福感	2.842	3	0.947	2.605	0.051	0.008
	学术取向	1.344	3	0.448	2.986	0.030	0.009

表3-61（续）

	因变量	III 类平方和	自由度	均方	F	显著性	偏 Eta 平方
误差	学术动机	895.615	975	0.919			
	学术产出	180.461	975	0.185			
	学术伦理	565.956	975	0.580			
	学术创新	627.407	975	0.643			
	学术幸福感	354.544	975	0.364			
	学术取向	146.257	975	0.150			
总计	学术动机	18 046.867	979				
	学术产出	2 269.122	979				
	学术伦理	6 979.750	979				
	学术创新	5 588.000	979				
	学术幸福感	7 602.160	979				
	学术取向	6 943.125	979				
修正后总计	学术动机	898.055	978				
	学术产出	184.947	978				
	学术伦理	572.681	978				
	学术创新	630.687	978				
	学术幸福感	357.385	978				
	学术取向	147.601	978				

注：a. $R^2 = 0.003$（调整后 $R^2 = 0.000$）。

b. $R^2 = 0.024$（调整后 $R^2 = 0.021$）。

c. $R^2 = 0.012$（调整后 $R^2 = 0.009$）。

d. $R^2 = 0.005$（调整后 $R^2 = 0.002$）。

e. $R^2 = 0.008$（调整后 $R^2 = 0.005$）。

f. $R^2 = 0.009$（调整后 $R^2 = 0.006$）。

在学术产出方面，25~30岁的高校青年教师的学术产出明显少于31~35岁、36~40岁、41~45岁的青年教师，其他年龄段之间未见明显差异，这与他们在这个阶段的学术积淀、学术探索以及职称不够有一定的关系。在学术伦理方面，25~30岁的青年教师与36~40岁、41~45岁的青年教师有明显差异，25~30岁是青年教师初入职场的年龄段，36~45岁大概是进入职场10年后，青年教师在这个阶段，学术伦理经历学术社会化的过程后与初入职时相比会发生一些变化（见表3-62）。

表 3-62　不同年龄间的多重比较

因变量	（I）年龄	（J）年龄	平均值差值（I-J）	标准误差	显著性	95% 置信区间	
						下限	上限
		31~35 岁	-0.199 3*	0.045 55	0	-0.326 9	-0.071 7
	25~30 岁	36~40 岁	-0.143 8*	0.042 72	0.010	-0.263 4	-0.024 1
学术产出		41~45 岁	-0.208 6*	0.046 78	0	-0.339 6	-0.077 6
		25~30 岁	0.199 3*	0.045 55	0	0.071 7	0.326 9
	31~35 岁	36~40 岁	0.055 6	0.035 17	0.477	-0.042 9	0.154 0
		41~45 岁	-0.009 3	0.040 00	0.997	-0.121 3	0.102 7
		25~30 岁	0.143 8*	0.042 72	0.010	0.024 1	0.263 4
学术产出	36~40 岁	31~35 岁	-0.055 6	0.035 17	0.477	-0.154 0	0.042 9
		41~45 岁	-0.064 8	0.036 75	0.375	-0.167 7	0.038 1
		25~30 岁	0.208 6*	0.046 78	0	0.077 6	0.339 6
	41~45 岁	31~35 岁	0.009 3	0.040 00	0.997	-0.102 7	0.121 3
		36~40 岁	0.064 8	0.036 75	0.375	-0.038 1	0.167 7
		31~35 岁	0.210 8	0.080 67	0.078	-0.015 1	0.436 7
	25~30 岁	36~40 岁	0.241 7*	0.075 66	0.017	0.029 8	0.453 5
		41~45 岁	0.247 4*	0.082 85	0.031	0.015 4	0.479 4
		25~30 岁	-0.210 8	0.080 67	0.078	-0.436 7	0.015 1
	31~35 岁	36~40 岁	0.030 9	0.062 28	0.970	-0.143 6	0.205 3
学术伦理		41~45 岁	0.036 6	0.070 84	0.966	-0.161 8	0.235 0
		25~30 岁	-0.241 7*	0.075 66	0.017	-0.453 5	-0.029 8
	36~40 岁	31~35 岁	-0.030 9	0.062 28	0.970	-0.205 3	0.143 6
		41~45 岁	0.005 8	0.065 08	1.000	-0.176 5	0.188 0
		25~30 岁	-0.247 4*	0.082 85	0.031	-0.479 4	-0.015 4
	41~45 岁	31~35 岁	-0.036 6	0.070 84	0.966	-0.235 0	0.161 8
		36~40 岁	-0.005 8	0.065 08	1.000	-0.188 0	0.176 5

注：基于实测平均值。

误差项是均方（误差）= 0.150。

* 表示平均值差值的显著性水平为 0.05。

3.5.3.4　高校青年教师学术取向的学历差异

学术取向的总分及各个维度都跟学历相关（P = 0<0.01）。其中，学术产出能被学历解释 19.1%，属于高度关联性；学术创新、学术幸福感以及学术取向的总分都跟学历具有中度关联性，即 $w^2 = 0.104, 0.072, 0.089$，介于

0.059~0.138 之间。产生以上结果的原因可能是学历的提高意味着更专业的学术训练，这对于提高学术产出有非常重要的作用，对于学术创新和学术幸福感具有一定的促进作用（见表 3-63 和表 3-64）。

表 3-63   多变量检验[a]

	效应	值	F	假设自由度	误差自由度	显著性	偏 Eta 平方
截距	比莱轨迹	0.447	157.218[b]	5.000	971.000	0	0.447
	威尔克 Lambda	0.553	157.218[b]	5.000	971.000	0	0.447
	霍特林轨迹	0.810	157.218[b]	5.000	971.000	0	0.447
	罗伊最大根	0.810	157.218[b]	5.000	971.000	0	0.447
学历	比莱轨迹	0.257	18.201	15.000	2 919.000	0	0.086
	威尔克 Lambda	0.746	20.022	15.000	2 680.905	0	0.093
	霍特林轨迹	0.337	21.800	15.000	2 909.000	0	0.101
	罗伊最大根	0.327	63.610[c]	5.000	973.000	0	0.246

注：a. 设计：截距 + Q4。

b. 精确统计。

c. 此统计是生成显著性水平下限的 F 的上限。

表 3-64   各维度在学历上的主体间效应检验

	因变量	III 类平方和	自由度	均方	F	显著性	偏 Eta 平方
修正模型	学术动机	20.771[a]	3	6.924	7.695	0	0.023
	学术产出	35.729[b]	3	11.910	77.819	0	0.193
	学术伦理	8.911[c]	3	2.970	5.137	0.002	0.016
	学术创新	67.536[d]	3	22.512	38.976	0	0.107
	学术幸福感	26.780[e]	3	8.927	26.326	0	0.075
	学术取向	13.614[f]	3	4.538	33.023	0	0.092
截距	学术动机	236.705	1	236.705	263.071	0	0.212
	学术产出	25.907	1	25.907	169.282	0	0.148
	学术伦理	110.182	1	110.182	190.552	0	0.163
	学术创新	53.542	1	53.542	92.699	0	0.087
	学术幸福感	96.359	1	96.359	284.176	0	0.226
	学术取向	92.565	1	92.565	673.584	0	0.409

表3-64(续)

	因变量	III 类平方和	自由度	均方	F	显著性	偏 Eta 平方
学历	学术动机	20.771	3	6.924	7.695	0	0.023
	学术产出	35.729	3	11.910	77.819	0	0.193
	学术伦理	8.911	3	2.970	5.137	0.002	0.016
	学术创新	67.536	3	22.512	38.976	0	0.107
	学术幸福感	26.780	3	8.927	26.326	0	0.075
	学术取向	13.614	3	4.538	33.023	0	0.092
误差	学术动机	877.283	975	0.900			
	学术产出	149.217	975	0.153			
	学术伦理	563.771	975	0.578			
	学术创新	563.152	975	0.578			
	学术幸福感	330.606	975	0.339			
	学术取向	133.987	975	0.137			
总计	学术动机	18 046.867	979				
	学术产出	2 269.122	979				
	学术伦理	6 979.750	979				
	学术创新	5 588.000	979				
	学术幸福感	7 602.160	979				
	学术取向	6 943.125	979				
修正后总计	学术动机	898.055	978				
	学术产出	184.947	978				
	学术伦理	572.681	978				
	学术创新	630.687	978				
	学术幸福感	357.385	978				
	学术取向	147.601	978				

注：a. $R^2 = 0.023$（调整后 $R^2 = 0.020$）。
b. $R^2 = 0.193$（调整后 $R^2 = 0.191$）。
c. $R^2 = 0.016$（调整后 $R^2 = 0.013$）。
d. $R^2 = 0.107$（调整后 $R^2 = 0.104$）。
e. $R^2 = 0.075$（调整后 $R^2 = 0.072$）。
f. $R^2 = 0.092$（调整后 $R^2 = 0.089$）。

3.5.3.5 高校青年教师学术取向的职称差异

在学术动机方面，教授显著高于助教（P=0.037<0.05）；在学术产出方面，教授>副教授>讲师>助教，且差异均在统计学意义上极其显著（P=0<0.01）。

在学术创新方面，教授显著高于副教授、讲师和助教，副教授高于助教，其他职称之间的差异不具备统计学意义上的显著。在学术幸福感方面，教授显著高于副教授、讲师和助教，其他职称之间的差异不具备统计学意义上的显著（P>0.05）。在学术取向的总得分方面，教授与副教授、讲师和助教均呈现显著差异，副教授与教授和讲师呈现显著差异（见表3-65至表3-68）。

表 3-65　主体间因子

		值标签	个案数
职称	1	助教	124
	2	讲师（助理研究员）	491
	3	副教授（副研究员）	304
	4	教授（研究员）	60

表 3-66　多变量检验[a]

效应		值	F	假设自由度	误差自由度	显著性	偏 Eta 平方
截距	比莱轨迹	0.970	6 277.140[b]	5.000	971.000	0	0.970
	威尔克 Lambda	0.030	6 277.140[b]	5.000	971.000	0	0.970
	霍特林轨迹	32.323	6 277.140[b]	5.000	971.000	0	0.970
	罗伊最大根	32.323	6 277.140[b]	5.000	971.000	0	0.970
职称	比莱轨迹	0.251	17.772	15.000	2 919.000	0	0.084
	威尔克 Lambda	0.752	19.457	15.000	2 680.905	0	0.091
	霍特林轨迹	0.326	21.094	15.000	2 909.000	0	0.098
	罗伊最大根	0.314	61.168[c]	5.000	973.000	0	0.239

注：a. 设计：截距 + Q14。

　　b. 精确统计。

　　c. 此统计是生成显著性水平下限的 F 的上限。

表 3-67　各维度职称主体间效应检验

	因变量	III 类平方和	自由度	均方	F	显著性	偏 Eta 平方
修正模型	学术动机	7.790[a]	3	2.597	2.844	0.037	0.009
	学术产出	43.933[b]	3	14.644	101.254	0	0.238
	学术伦理	3.016[c]	3	1.005	1.721	0.161	0.005
	学术创新	20.447[d]	3	6.816	10.890	0	0.032
	学术幸福感	7.676[e]	3	2.559	7.134	0	0.021
	学术取向	5.693[f]	3	1.898	13.037	0	0.039
截距	学术动机	9 151.590	1	9 151.590	10 022.631	0	0.911
	学术产出	1 302.398	1	1 302.398	9 005.078	0	0.902
	学术伦理	3 583.470	1	3 583.470	6 133.223	0	0.863
	学术创新	2 860.156	1	2 860.156	4 569.762	0	0.824
	学术幸福感	4 111.095	1	4 111.095	11 461.861	0	0.922
	学术取向	3 824.508	1	3 824.508	26 276.794	0	0.964
职称	学术动机	7.790	3	2.597	2.844	0.037	0.009
	学术产出	43.933	3	14.644	101.254	0	0.238
	学术伦理	3.016	3	1.005	1.721	0.161	0.005
	学术创新	20.447	3	6.816	10.890	0	0.032
	学术幸福感	7.676	3	2.559	7.134	0	0.021
	学术取向	5.693	3	1.898	13.037	0	0.039
误差	学术动机	890.265	975	0.913			
	学术产出	141.014	975	0.145			
	学术伦理	569.665	975	0.584			
	学术创新	610.240	975	0.626			
	学术幸福感	349.709	975	0.359			
	学术取向	141.908	975	0.146			
总计	学术动机	18 046.867	979				
	学术产出	2 269.122	979				
	学术伦理	6 979.750	979				
	学术创新	5 588.000	979				
	学术幸福感	7 602.160	979				
	学术取向	6 943.125	979				

表3-67(续)

因变量	III 类平方和	自由度	均方	F	显著性	偏 Eta 平方
学术动机	898.055	978				
学术产出	184.947	978				
修正后总计 学术伦理	572.681	978				
学术创新	630.687	978				
学术幸福感	357.385	978				
学术取向	147.601	978				

注: a. $R^2 = 0.009$ (调整后 $R^2 = 0.006$)。

b. $R^2 = 0.238$ (调整后 $R^2 = 0.235$)。

c. $R^2 = 0.005$ (调整后 $R^2 = 0.002$)。

d. $R^2 = 0.032$ (调整后 $R^2 = 0.029$)。

e. $R^2 = 0.021$ (调整后 $R^2 = 0.018$)。

f. $R^2 = 0.039$ (调整后 $R^2 = 0.036$)。

表 3-68　各维度在职称上的多重比较

因变量	(I) 职称	(J) 职称	平均值差值 (I-J)	标准误差	显著性	95% 置信区间 下限	上限
学术动机	助教	讲师	0.138 7	0.096 04	0.555	−0.130 3	0.407 6
		副教授	0.147 2	0.101 82	0.554	−0.138 0	0.432 3
		教授	0.438 5*	0.150 27	0.037	0.017 7	0.859 4
	讲师	助教	−0.138 7	0.096 04	0.555	−0.407 6	0.130 3
		副教授	0.008 5	0.069 74	1.000	−0.186 8	0.203 8
		教授	0.299 8	0.130 68	0.154	−0.066 1	0.665 8
	副教授	助教	−0.147 2	0.101 82	0.554	−0.432 3	0.138 0
		讲师	−0.008 5	0.069 74	1.000	−0.203 8	0.186 8
		教授	0.291 4	0.134 99	0.199	−0.086 6	0.669 4
	教授	助教	−0.438 5*	0.150 27	0.037	−0.859 4	−0.017 7
		讲师	−0.299 8	0.130 68	0.154	−0.665 8	0.066 1
		副教授	−0.291 4	0.134 99	0.199	−0.669 4	0.086 6

表3-68（续）

因变量	（I）职称	（J）职称	平均值差值（I-J）	标准误差	显著性	95% 置信区间 下限	上限
学术产出	助教	讲师	-0.143 5*	0.038 22	0.003	-0.250 6	-0.036 5
		副教授	-0.401 9*	0.040 52	0	-0.515 4	-0.288 4
		教授	-0.877 2*	0.059 81	0	-1.044 7	-0.709 7
	讲师	助教	0.143 5*	0.038 22	0.003	0.036 5	0.250 6
		副教授	-0.258 4*	0.027 75	0	-0.336 1	-0.180 7
		教授	-0.733 7*	0.052 01	0	-0.879 3	-0.588 0
	副教授	助教	0.401 9*	0.040 52	0	0.288 4	0.515 4
		讲师	0.258 4*	0.027 75	0	0.180 7	0.336 1
		教授	-0.475 3*	0.053 72	0	-0.625 7	-0.324 8
	教授	助教	0.877 2*	0.059 81	0	0.709 7	1.044 7
		讲师	0.733 7*	0.052 01	0	0.588 0	0.879 3
		副教授	0.475 3*	0.053 72	0	0.324 8	0.625 7
学术创新	助教	讲师	-0.131 9	0.079 51	0.432	-0.354 6	0.090 7
		副教授	-0.287 3*	0.084 30	0.009	-0.523 4	-0.051 2
		教授	-0.626 9*	0.124 41	0	-0.975 3	-0.278 5
	讲师	助教	0.131 9	0.079 51	0.432	-0.090 7	0.354 6
		副教授	-0.155 4	0.057 74	0.065	-0.317 0	0.006 3
		教授	-0.494 9*	0.108 20	0	-0.797 9	-0.192 0
	副教授	助教	0.287 3*	0.084 30	0.009	0.051 2	0.523 4
		讲师	0.155 4	0.057 74	0.065	-0.006 3	0.317 0
		教授	-0.339 6*	0.111 76	0.027	-0.652 6	-0.026 6
	教授	助教	0.626 9*	0.124 41	0	0.278 5	0.975 3
		讲师	0.494 9*	0.108 20	0	0.192 0	0.797 9
		副教授	0.339 6*	0.111 76	0.027	0.026 6	0.652 6

表3-68(续)

因变量	（I）职称	（J）职称	平均值差值（I-J）	标准误差	显著性	95% 置信区间	
						下限	上限
学术幸福感	助教	讲师	-0.051 3	0.060 19	0.867	-0.219 9	0.117 2
		副教授	-0.089 0	0.063 82	0.584	-0.267 7	0.089 7
		教授	-0.408 1*	0.094 18	0	-0.671 8	-0.144 3
	讲师	助教	0.051 3	0.060 19	0.867	-0.117 2	0.219 9
		副教授	-0.037 6	0.043 71	0.863	-0.160 0	0.084 8
		教授	-0.356 7*	0.081 91	0	-0.586 1	-0.127 4
	副教授	助教	0.089 0	0.063 82	0.584	-0.089 7	0.267 7
		讲师	0.037 6	0.043 71	0.863	-0.084 8	0.160 0
		教授	-0.319 1*	0.084 60	0.003	-0.556 0	-0.082 2
	教授	助教	0.408 1*	0.094 18	0	0.144 3	0.671 8
		讲师	0.356 7*	0.081 91	0	0.127 4	0.586 1
		副教授	0.319 1*	0.084 60	0.003	0.082 2	0.556 0
学术取向	助教	讲师	-0.007 0	0.038 34	0.998	-0.114 4	0.100 4
		副教授	-0.110 7	0.040 65	0.060	-0.224 6	0.003 1
		教授	-0.287 5*	0.060 00	0	-0.455 5	-0.119 5
	讲师	助教	0.007 0	0.038 34	0.998	-0.100 4	0.114 4
		副教授	-0.103 7*	0.027 84	0.003	-0.181 7	-0.025 8
		教授	-0.280 5*	0.052 17	0	-0.426 6	-0.134 4
	副教授	助教	0.110 7	0.040 65	0.060	-0.003 1	0.224 6
		讲师	0.103 7*	0.027 84	0.003	0.025 8	0.181 7
		教授	-0.176 7*	0.053 89	0.013	-0.327 7	-0.025 8
	教授	助教	0.287 5*	0.060 00	0	0.119 5	0.455 5
		讲师	0.280 5*	0.052 17	0	0.134 4	0.426 6
		副教授	0.176 7*	0.053 89	0.013	0.025 8	0.327 7

注：基于实测平均值。

误差项是均方（误差）= 0.146。

* 表示平均值差值的显著性水平为 0.05。

3.5.3.6 高校青年教师学术取向的工龄差异

笔者对青年教师的学术取向各维度与工龄之间进行差异分析，事后检验均不显著，即工龄对学术取向各维度的关联强度不够显著（见表3-69）。

表3-69 多变量检验[a]

效应		值	F	假设自由度	误差自由度	显著性	偏 Eta 平方
截距	比莱轨迹	0.967	5 663.703[b]	5.000	969.000	0	0.967
	威尔克 Lambda	0.033	5 663.703[b]	5.000	969.000	0	0.967
	霍特林轨迹	29.224	5 663.703[b]	5.000	969.000	0	0.967
	罗伊最大根	29.224	5 663.703[b]	5.000	969.000	0	0.967
Q5	比莱轨迹	0.069	2.735	25.000	4 865.000	0	0.014
	威尔克 Lambda	0.932	2.768	25.000	3 601.177	0	0.014
	霍特林轨迹	0.072	2.792	25.000	4 837.000	0	0.014
	罗伊最大根	0.052	10.107[c]	5.000	973.000	0	0.049

注：a. 设计：截距 + Q5。

b. 精确统计。

c. 此统计是生成显著性水平下限的 F 的上限。

针对高校青年教师认为应该分配在教学与科研工作上的理想时间比例及其实际用于教学、科研工作的时间比例进行配对样本 T 检验，检验的显著性概率 P=0，统计结果显示前后两者之间有极其显著的差异，即青年教师实际分配在教学、科研上的时间显著高于他们认为应该分配在教学、科研工作上的理想时间。青年教师处于职业发展的前期，新课任务多、教学工作重，从而导致实际的教学科研时间的比例高于他们所认为的理想的时间比例（见表3-70至表3-72）。

表3-70 教学科研工作比例配对样本统计

		平均值	个案数	标准差	标准误差平均值
配对 1	教学、科研工作时间的理想比例	5.71	979	1.967	0.063
	教学、科研工作时间的实际比例	6.92	979	2.868	0.092

表 3-71　教学科研工作应然、实然配对样本相关性

		个案数	相关性	显著性
配对 1	教学、科研工作时间的理想比例： 教学、科研工作时间的实际比例	979	0.358	0

表 3-72　教学科研工作应然、实然配对样本检验

		配对差值						自由度	显著性（双尾）
		平均值	标准差	标准误差平均值	差值95%置信区间 下限	上限	t		
配对 1	教学、科研工作时间的理想比例：教学、科研工作时间的实际比例	-1.215	2.839	0.091	-1.393	-1.036	-13.387	978	0

3.5.3.7　高校青年教师入职后学术兴趣差异

青年教师刚入职时对学术工作的态度平均值是 3.64，该题项的选项赋值是 1 表示"完全没有兴趣"，2 表示"比较没兴趣"，3 表示"兴趣一般"，4 表示"比较有兴趣"，5 表示"非常有兴趣"，可见青年教师刚入职时的学术兴趣平均值接近"比较有兴趣"，工作若干年后对学术工作的态度平均值是 3.37，两者之间的相关系数是 0.281，显著性概率值是 $P = 0 < 0.01$，达到显著水平，两者之间显著正相关。青年教师刚入职时学术兴趣越高的话，当前的学术兴趣也越高。配对样本 T 检验结果显示，两者的平均值差异是 0.271，平均数差异检验 $t = 6.448$，显著性检验概率值 $P = 0 < 0.01$，达到极其显著水平，表示青年教师刚入职时的学术兴趣与当前的学术兴趣间有显著差异，当前的学术兴趣要显著高于刚入职时的学术兴趣，这也显示了我国高校青年教师学术兴趣呈上升趋势的特征（见表 3-73 至表 3-75）。此外，从差异的 95% 置信区间（0.188，0.353）来看，未包含 0 这个数值，应拒绝虚无假设"H0：U1 = U2"，接受对立假设"H1：U1 不等于 U2"，显示配对变量平均数之间有显著差异。

表 3-73　刚入职时与目前的学术态度配对样本统计

		平均值	个案数	标准差	标准误差平均值
配对 1	刚入职时对学术工作的态度	3.64	979	1.105	0.035
	目前对学术工作的态度	3.37	979	1.086	0.035

表 3-74　刚入职时与目前的学术态度配对样本相关性

		个案数	相关性	显著性
配对 1	刚入职时对学术工作的态度 目前对学术工作的态度	979	0.281	0

表 3-75　刚入职时与目前的学术态度配对样本检验

		配对差值							
		平均值	标准差	标准误差平均值	差值 95% 置信区间		t	自由度	显著性（双尾）
					下限	上限			
配对 1	刚入职时对学术工作的态度 目前对学术工作的态度	0.271	1.313	0.042	0.188	0.353	6.448	978	0

3.5.3.8　学术类型自我认知与他人认知的差异

笔者将高校青年教师对本人学术类型的自评与对别人学术类型的主观判断进行比较，两者之间的相关系数是 -0.221，显著性概率值 P=0，达到显著水平，两者之间显著负相关，即越倾向于对自己的学术类型自评为理想型的青年教师，认为当前社会上偏理想型的教师越多；越倾向于对自己的学术类型自评为功利型的青年教师，认为当前社会上偏功利型的教师越多（见表 3-76 和表 3-77）。这与高校青年教师的自我认知相关，当其觉得自己是哪种类型的学者时，就会倾向于认为身边的人也是跟自己一样的类型。

表 3-76　学术类型的自我认知与他人认知配对样本统计

		平均值	个案数	标准差	标准误差平均值
配对 1	目前更接近哪种类型	1.53	979	0.500	0.016
	身边的高校教师中偏理想型教师与偏功利型教师的占比	2.64	979	1.930	0.062

表 3-77　学术类型的自我认知与他人认知配对样本相关性

		个案数	相关性	显著性
配对 1	目前更接近哪种类型与身边的高校教师中偏理想型教师与偏功利型教师的占比	979	-0.221	0

3.5.4 高校青年教师学术生活的相关性分析

3.5.4.1 工作时间、锻炼与健康状态的相关分析

笔者将青年教师的工作时间、锻炼频率与健康状态进行相关分析，结果发现，青年教师的健康状态与他们每周进行 30 分钟以上体育锻炼的次数正相关，相关系数 $r=0.339$，显著性概率 $P=0$，即每周进行 30 分钟以上锻炼的次数越多，身体健康状态越好。另外，青年教师的健康状态与他们每天投入学术、科研工作的时间成反比，相关系数 $r=-0.122$，显著性概率 $P=0$，即每天投入学术、科研的工作时间越多，健康状态越差（见表 3-78）。

表 3-78　工作时间、锻炼与健康状态的相关性

		工作日平均每天投入学术、科研的工作时间	每周进行30分钟以上体育锻炼的次数	健康状态
工作日平均每天投入学术、科研的工作时间	皮尔逊相关性	1	−0.031	−0.122**
	显著性（双尾）		0.335	0
	个案数	979	979	979
每周进行 30 分钟以上体育锻炼的次数	皮尔逊相关性	−0.031	1	0.339**
	显著性（双尾）	0.335		0
	个案数	979	979	979
健康状态	皮尔逊相关性	−0.122**	0.339**	1
	显著性（双尾）	0	0	
	个案数	979	979	979

注：** 表示在 0.01 级别（双尾），相关性显著。

3.5.4.2 学术心态与职称、工龄、年龄的相关分析

分析高校青年教师对学术工作的态度与职称、工龄、年龄的相关分析，结果显示，高校青年教师学术工作态度与他们在高校的工作时间（工龄）成反比，相关系数 $r=-0.146$，$P=0$；与他们的年龄成反比，$r=-0.119$，$P=0$，即在高校工作的时间越长或年龄越大，对学术工作的感兴趣程度越低，职业倦怠在高校青年教师中是一个需要引起重视的问题（见表 3-79）。

表 3-79　学术工作态度与职称、工龄、年龄的相关性

		工作时间	职称	年龄	学术工作态度
工作时间	皮尔逊相关性	1	0.478**	0.781**	-0.146**
	显著性（双尾）		0	0	0
	个案数	979	979	979	979
职称	皮尔逊相关性	0.478**	1	0.584**	0.060
	显著性（双尾）	0		0	0.060
	个案数	979	979	979	979
年龄	皮尔逊相关性	0.781**	0.584**	1	-0.119**
	显著性（双尾）	0	0		0
	个案数	979	979	979	979
学术工作态度	皮尔逊相关性	-0.146**	0.060	-0.119**	1
	显著性（双尾）	0	0.060	0	
	个案数	979	979	979	979

注：** 表示在 0.01 级别（双尾），相关性显著。

3.5.4.3　学术风气与学术影响的相关分析

笔者分析青年教师所在高校的学术风气与对他们的影响程度之间是否具有相关性，结果发现（见表 3-80 和表 3-81）两者之间呈现显著的负相关，$r = -0.109$，$P = 0.001$，即所在高校的学术风气越好，对青年教师学术取向的影响程度越小；所在高校的学术风气越差，对青年教师学术取向的影响程度越大。这表明坏的学术风气对高校的影响比好的学术风气对高校的影响更大，这也说明破坏比建设更容易，与复杂系统的熵增原理契合，即系统本身有向混乱方向发展的趋势，如果有一股顺势破坏性力量，那么系统必然被严重影响；如果有一股逆势的建设性力量，那么这股力量首先要修复系统熵增的影响，之后剩余的那部分影响才会被用于系统的正向建设。

进一步多重比较发现（见表 3-82），学术风气非常差的高校对青年教师学术取向的影响程度比学术风气比较差、一般、比较好的高校对青年教师学术取向的影响程度大，学术风气比较差的高校比学术风气一般的高校对青年教师学术取向的影响程度大，学术风气一般的高校比学术风气非常差、学术风气比较差、学术风气比较好、学术风气非常好的高校对青年教师学术取向的影响程度小。总体而言，在学术风气较差的高校里，这种风气的负面影响力的速度和加速度比学术风气较好的高校更大，因此相关治理工作的优先顺序可能应该先考

虑学术风气较差的高校。

表 3-80　学术风气与学术影响的相关性

		高校的学术风气	高校的学术风气对学术取向的影响程度
高校的学术风气	皮尔逊相关性	1	−0.109**
	显著性（双尾）		0.001
	个案数	979	979
高校的学术风气对学术取向的影响程度	皮尔逊相关性	−0.109**	1
	显著性（双尾）	0.001	
	个案数	979	979

注：** 表示在 0.01 级别（双尾），相关性显著。

表 3-81　学术风气对学术取向的影响程度的方差分析

	平方和	自由度	均方	F	显著性
组间	60.675	4	15.169	16.633	0
组内	888.275	974	0.912		
总计	948.950	978			

表 3-82　所在高校的学术风气对学术取向的影响程度的多重比较

(I) 所在高校的学术风气	(J) 所在高校的学术风气	平均值差值 (I−J)	标准误差	显著性	95% 置信区间 下限	95% 置信区间 上限
非常差	比较差	0.455*	0.124	0.009	0.07	0.84
	一般	0.791*	0.113	0	0.44	1.14
	比较好	0.520*	0.128	0.003	0.13	0.91
	非常好	−0.033	0.248	1.000	−0.80	0.73
比较差	非常差	−0.455*	0.124	0.009	−0.84	−0.07
	一般	0.336*	0.079	0.001	0.09	0.58
	比较好	0.065	0.099	0.980	−0.24	0.37
	非常好	−0.489	0.235	0.362	−1.21	0.23
一般	非常差	−0.791*	0.113	0	−1.14	−0.44
	比较差	−0.336*	0.079	0.001	−0.58	−0.09
	比较好	−0.271*	0.085	0.038	−0.53	−0.01
	非常好	−0.825*	0.229	0.012	−1.53	−0.12

表3-82（续）

（I）所在高校的学术风气	（J）所在高校的学术风气	平均值差值（I-J）	标准误差	显著性	95% 置信区间	
					下限	上限
比较好	非常差	-0.520*	0.128	0.003	-0.91	-0.13
	比较差	-0.065	0.099	0.980	-0.37	0.24
	一般	0.271*	0.085	0.038	0.01	0.53
	非常好	-0.554	0.237	0.243	-1.28	0.18
非常好	非常差	0.033	0.248	1.000	-0.73	0.80
	比较差	0.489	0.235	0.362	-0.23	1.21
	一般	0.825*	0.229	0.012	0.12	1.53
	比较好	0.554	0.237	0.243	-0.18	1.28

注：* 表示平均值差值的显著性水平为 0.05。

3.5.5 高校青年教师学术生态的影响因素分析

笔者对可能影响高校教师学术生态的因素进行相关分析，得出结果如表 3-83 所示。

表 3-83　高校教师学术生态影响因素分析

性别	皮尔逊相关性	-0.096**
	显著性（双尾）	0.003
年龄	皮尔逊相关性	-0.076*
	显著性（双尾）	0.017
婚姻及生育状况	皮尔逊相关性	-0.064*
	显著性（双尾）	0.045
学历	皮尔逊相关性	0.301**
	显著性（双尾）	0
工作时间	皮尔逊相关性	-0.158**
	显著性（双尾）	0
高校类别	皮尔逊相关性	0.182**
	显著性（双尾）	0
国外经历	皮尔逊相关性	-0.143**
	显著性（双尾）	0
工作日平均每天投入学术、科研的工作时间	皮尔逊相关性	0.335**
	显著性（双尾）	0

表3-83（续）

每周进行30分钟以上体育锻炼的次数	皮尔逊相关性	-0.025
	显著性（双尾）	0.435
健康状态	皮尔逊相关性	0.073*
	显著性（双尾）	0.023
学科	皮尔逊相关性	0.167**
	显著性（双尾）	0
职称	皮尔逊相关性	0.177**
	显著性（双尾）	0
获得职称年份	皮尔逊相关性	-0.190**
	显著性（双尾）	0

3.5.5.1 职称对学术生态的影响

当高校青年教师被问及是否同意"评完职称后，就不想做科研了"这个观点时，12.7%的人表示完全认同，27.1%的人表示比较认同，即累计比例接近40%的人认同这个观点；29.6%的人比较不认同，11.5%的人完全不认同，即累计41.1%的人不认同这个观点；19.1%的人不确定（见表3-84）。可见，认可、不认可和犹豫不定这三部分青年教师的比例大约等于4：4：2。

表3-84 评完职称后的科研态度

		人数/人	百分比/%	有效百分比/%	累计百分比/%
态度	完全认同	124	12.7	12.7	12.7
	比较认同	265	27.1	27.1	39.7
	不确定	187	19.1	19.1	58.8
	比较不认同	290	29.6	29.6	88.5
	完全不认同	113	11.5	11.5	100.0
	总计	979	100.0	100.0	

笔者对高校青年教师的"评完职称后的科研态度"进行性别上的独立样本t检验，结果如表3-85和表3-86所示。由于独立样本t检验的基本假设之一是方差同质性，因此在进行t检验之前，先对两组的离散状况是否相似进行检验，若方差有显著差异，那么平均数检验的方法会有所不同。此处的莱文方差等同性检验显著性P=0.002<0.05，是显著的，因此后面的比较结果应该查看"不假设方差相等"栏的t值。经比较，不同性别的高校青年教师在"评完职称后的科研态度"上有显著差异（P=0.005<0.05），男教师得分显著高于

女教师，即男教师获取职称后继续做学术研究的比例高于女教师，这可能与男教师更高的成就动机相关，也可能与女教师在这个阶段需要担负更重的家庭养育责任相关。

表 3-85　组统计

	性别	个案数	平均值	标准差	标准误差平均值
评完职称后的科研态度	男	393	3.14	1.303	0.066
	女	586	2.91	1.187	0.049

表 3-86　青年教师获得职称后的科研态度的男女性别独立样本检验

	莱文方差等同性检验		平均值等同性 t 检验					差值 95% 置信区间	
	F	显著性	t	自由度	显著性（双尾）	平均值差值	标准误差差值	下限	上限
评完职称后的科研态度　假定等方差	10.000	0.002	2.893	977	0.004	0.233	0.081	0.075	0.391
不假定等方差			2.840	786.288	0.005	0.233	0.082	0.072	0.394

3.5.5.2　年龄、工龄以及婚育状况对学术生态的影响

3.5.5.2.1　年龄对学术生态的影响

笔者进一步考察高校青年教师评完职称后是否还会继续进行学术研究的意向在年龄变量上的差别，结果发现显著性差异（$P = 0.03 < 0.05$，见表 3-87）。然而，笔者进行事后多重比较的结果却未见各年龄组之间的显著差异，P 值最小是 0.055，比较接近 0.05（见表 3-88）。

表 3-87　年龄对学术生态的影响的方差分析

	平方和	自由度	均方	F	显著性
组间	21.767	3	7.256	4.776	0.003
组内	1 481.224	975	1.519		
总计	1 502.991	978			

表 3-88 青年教师获得职称后的科研态度与年龄的多重比较

因变量：青年教师获得职称后的科研态度

(I) 年龄	(J) 年龄	平均值差值 (I-J)	标准误差	显著性	95% 置信区间	
					下限	上限
25~30 岁	31~35 岁	0.036	0.131	0.995	-0.33	0.40
	36~40 岁	0.310	0.122	0.094	-0.03	0.65
	41~45 岁	0.352	0.134	0.076	-0.02	0.73
31~35 岁	25~30 岁	-0.036	0.131	0.995	-0.40	0.33
	36~40 岁	0.274	0.101	0.061	-0.01	0.56
	41~45 岁	0.316	0.115	0.055	0	0.64
36~40 岁	25~30 岁	-0.310	0.122	0.094	-0.65	0.03
	31~35 岁	-0.274	0.101	0.061	-0.56	0.01
	41~45 岁	0.042	0.105	0.984	-0.25	0.34
41~45 岁	25~30 岁	-0.352	0.134	0.076	-0.73	0.02
	31~35 岁	-0.316	0.115	0.055	-0.64	0
	36~40 岁	-0.042	0.105	0.984	-0.34	0.25

婚姻及生育状况可以代表高校青年教师的家庭生活情况，笔者考察青年教师评完职称后的学术意向是否会伴随家庭情况的不同而不同，结果显示差异极其显著（P=0<0.01）。笔者进一步进行多重比较发现，未婚青年教师得分显著高于已婚有 1 个孩子、离异有孩子的青年教师（P=0.014，0.029<0.05），这表明有了孩子之后的青年教师在纯粹地把学术当成志业的兴趣上有所降低。

3.5.5.2.2 工龄对学术生态的影响

在每个人的职业生涯中，工作一定的时间后会产生职业倦怠。那么工作时间是否会影响高校青年教师评完职称后的学术态度呢？组间差异显著性 P=0<0.05，说明差异显著（见表 3-89）。笔者进一步进行多重比较发现，工作 1~3 年的青年教师在此题上的得分显著高于工作 7~9 年、10~15 年、16~20 年的青年教师（P=0.002，0，0<0.01），其他组之间没有明显差异（见表 3-90）。这表明高校青年教师在职业初期的几年中拥有远高于工作 7~20 年的学术纯粹性，他们在心中坚定地认为做学术研究不是纯粹为了评职称，即使评上职称，也会继续进行学术研究。这种在年龄上的纵向比较同时也呈现一个现实：随着工龄的增加，青年教师刚入职时的那份"学术初心"会逐渐不保。是什么因素抹去了这份可贵的"学术初心"呢？可能是职称政策指挥棒，也可能是科

研绩效评价，还可能是周围学术环境的社会化力量影响。本书的质性研究会对"为什么"的问题进行详细探索。

表 3-89　高校青年教师获得职称后的科研态度的方差分析

	平方和	自由度	均方	F	显著性
组间	65.821	5	13.164	8.912	0
组内	1 437.170	973	1.477		
总计	1 502.991	978			

表 3-90　高校青年教师获得职称后的科研态度与工龄的多重比较

因变量：高校青年教师获得职称后的科研态度

(I) 高校工龄	(J) 高校工龄	平均值差值 (I-J)	标准误差	显著性	95% 置信区间	
					下限	上限
1~3 年	4~6 年	0.276	0.138	0.553	-0.19	0.74
	7~9 年	0.609*	0.138	0.002	0.15	1.07
	10~15 年	0.610*	0.104	0	0.26	0.96
	16~20 年	0.645*	0.134	0	0.20	1.09
	21 年及以上	0.635	0.252	0.276	-0.21	1.48
4~6 年	1~3 年	-0.276	0.138	0.553	-0.74	0.19
	7~9 年	0.333	0.157	0.479	-0.19	0.86
	10~15 年	0.335	0.128	0.234	-0.09	0.76
	16~20 年	0.370	0.153	0.323	-0.14	0.88
	21 年及以上	0.359	0.263	0.867	-0.52	1.24
7~9 年	1~3 年	-0.609*	0.138	0.002	-1.07	-0.15
	4~6 年	-0.333	0.157	0.479	-0.86	0.19
	10~15 年	0.001	0.128	1.000	-0.43	0.43
	16~20 年	0.036	0.153	1.000	-0.47	0.55
	21 年及以上	0.026	0.263	1.000	-0.85	0.90
10~15 年	1~3 年	-0.610*	0.104	0	-0.96	-0.26
	4~6 年	-0.335	0.128	0.234	-0.76	0.09
	7~9 年	-0.001	0.128	1.000	-0.43	0.43
	16~20 年	0.035	0.123	1.000	-0.38	0.45
	21 年及以上	0.024	0.247	1.000	-0.80	0.85

表3-90(续)

(I) 高校工龄	(J) 高校工龄	平均值差值 (I-J)	标准误差	显著性	95% 置信区间	
					下限	上限
16~20年	1~3年	-0.645*	0.134	0	-1.09	-0.20
	4~6年	-0.370	0.153	0.323	-0.88	0.14
	7~9年	-0.036	0.153	1.000	-0.55	0.47
	10~15年	-0.035	0.123	1.000	-0.45	0.38
	21年及以上	-0.011	0.261	1.000	-0.88	0.86
21年及以上	1~3年	-0.635	0.252	0.276	-1.48	0.21
	4~6年	-0.359	0.263	0.867	-1.24	0.52
	7~9年	-0.026	0.263	1.000	-0.90	0.85
	10~15年	-0.024	0.247	1.000	-0.85	0.80
	16~20年	0.011	0.261	1.000	-0.86	0.88

注：* 表示平均值差值的显著性水平为 0.05。

3.5.5.3 学历、学校类型对学术生态的影响

3.5.5.3.1 学历对学术生态的影响

笔者继续对青年教师获得职称后的学术意向在学历上的差异进行分析，结果发现有显著差异（见表3-91和表3-92），具体表现在博士学历与硕士学历之间（$P=0<0.01$）、博士学历与本科学历之间（$P=0.001<0.01$）。拥有博士学历的高校青年教师得分更高，即使获取了相应的职称后，其还是有意向进行学术研究。这表明博士作为接受过专门学术训练的群体，在科研的道路上更具有持久的热情，加强对青年教师的继续教育是高校优化学术生态的途径之一。

表3-91 **高校青年教师获得职称后的科研态度与学历差异的方差分析**

	平方和	自由度	均方	F	显著性
组间	59.909	2	29.954	20.295	0
组内	1 439.066	975	1.476		
总计	1 498.974	977			

表 3-92　高校青年教师获得职称后的科研态度与学历的多重比较

因变量：高校青年教师获得职称后的科研态度

(I) 学历	(J) 学历	平均值差值 (I-J)	标准误差	显著性	95% 置信区间 下限	上限
大学本科	硕士研究生	-0.194	0.179	0.556	-0.63	0.24
	博士研究生	-0.665*	0.180	0.001	-1.11	-0.22
硕士研究生	大学本科	0.194	0.179	0.556	-0.24	0.63
	博士研究生	-0.471*	0.080	0	-0.67	-0.28
博士研究生	大学本科	0.665*	0.180	0.001	0.22	1.11
	硕士研究生	0.471*	0.080	0	0.28	0.67

注：* 表示平均值差值的显著性水平为 0.05。

3.5.5.3.2　学校类型对学术生态的影响

不同类型高校的青年教师在评完职称后是否在科研态度上有区别呢？数据显示（见表 3-93），确实差异显著（P = 0.015<0.05）。笔者进一步进行多重比较的结果显示（见表 3-94），"211 工程" 建设院校（非 "985 工程" 建设院校）的青年教师在评完职称后学术态度得分显著高于高职高专院校以及非 "985 工程" 建设院校、非 "211 工程" 建设院校的青年教师（P = 0.026,0.046<0.05），其他类型高校的青年教师之间没有显著差异。原因可能是 "211 工程" 建设院校的青年教师的整体学术氛围比较浓厚，能够在一定程度上保护他们的内部学术动机不被外部激励所影响；也有可能是 "211 工程" 建设院校职称评审的科研考核体系比较严格，能够在职称晋升之外发挥持续激发外部学术动机的功效。不同高校的青年教师在评完职称后的科研态度存在差异，比较令人疑惑的是 "985 工程" 建设院校的青年教师评完职称后的科研态度与其他高校的青年教师没有显著差异。

表 3-93　高校青年教师获得职称后的科研态度与学校差异的方差分析

	平方和	自由度	均方	F	显著性
组间	16.129	3	5.376	3.526	0.015
组内	1 486.862	975	1.525		
总计	1 502.991	978			

表 3-94　高校青年教师获得职称后的科研态度与学校的多重比较

因变量：高校青年教师获得职称后的科研态度

（I）高校类别	（J）高校类别	平均值差值（I-J）	标准误差	显著性	95% 置信区间 下限	95% 置信区间 上限
高职高专院校	本科院校	-0.145	0.124	0.713	-0.49	0.20
	"211 工程"建设院校	-0.510*	0.167	0.026	-0.98	-0.04
	"985 工程"建设院校	-0.310	0.350	0.853	-1.29	0.67
本科院校	高职高专院校	0.145	0.124	0.713	-0.20	0.49
	"211 工程"建设院校	-0.364*	0.129	0.046	-0.72	0
	"985 工程"建设院校	-0.164	0.333	0.970	-1.10	0.77
"211 工程"建设院校	高职高专院校	0.510*	0.167	0.026	0.04	0.98
	本科院校	0.364*	0.129	0.046	0	0.72
	"985 工程"建设院校	0.200	0.351	0.955	-0.78	1.18
"985 工程"建设院校	高职高专院校	0.310	0.350	0.853	-0.67	1.29
	本科院校	0.164	0.333	0.970	-0.77	1.10
	"211 工程"建设院校	-0.200	0.351	0.955	-1.18	0.78

注：*表示平均值差值的显著性水平为 0.05。

本科院校是指非"985 工程"建设院校和非"211 工程"建设院校。

3.5.5.4　健康状态对学术生态的影响

不同健康状态的青年教师在评完职称后是否存在不同的科研态度呢？组间差异显著性为 0.001<0.01，说明存在显著差异（见表 3-95）。事后均值比较发现不同健康状态之间，只有非常不健康的青年教师组与非常健康的青年教师组之间存在评完职称后科研态度的差异（P=0.027<0.05），前者得分显著低于后者（见表 3-96），即身体非常不健康的青年教师倾向于评完职称后就不做学术研究了，而身体非常健康的青年教师更倾向于即使评完职称了还是会一如既往地做学术研究。由此可见，"身体是革命的本钱"这句话在学术领域也得到了佐证，毕竟健康的身体是从事任何工作的基础，无论一个人拥有多么惊人的天赋、夜以继日的勤奋、得天独厚的实验条件，如果健康喊停，学术研究也会喊停。马斯洛需求层次理论中明确表明基本的生理需求，如健康、安全等没有被满足，会影响人们对自我实现的追求。

表 3-95 高校青年教师获得职称后的科研态度与健康状态差异的方差分析

	平方和	自由度	均方	F	显著性
组间	29.986	4	7.496	4.957	0.001
组内	1 473.005	974	1.512		
总计	1 502.991	978			

表 3-96 高校青年教师获得职称后的科研态度与健康状态的多重比较

因变量:高校青年教师获得职称后的科研态度

(I) 健康状态	(J) 健康状态	平均值差值 (I-J)	标准误差	显著性	95% 置信区间 下限	上限
非常不健康	比较不健康	-0.385	0.250	0.668	-1.16	0.39
	一般	-0.546	0.240	0.269	-1.29	0.19
	比较健康	-0.724	0.243	0.065	-1.48	0.03
	非常健康	-0.990*	0.299	0.027	-1.91	-0.07
比较不健康	非常不健康	0.385	0.250	0.668	-0.39	1.16
	一般	-0.161	0.110	0.705	-0.50	0.18
	比较健康	-0.340	0.117	0.078	-0.70	0.02
	非常健康	-0.605	0.209	0.080	-1.25	0.04
一般	非常不健康	0.546	0.240	0.269	-0.19	1.29
	比较不健康	0.161	0.110	0.705	-0.18	0.50
	比较健康	-0.178	0.093	0.450	-0.46	0.11
	非常健康	-0.444	0.197	0.278	-1.05	0.16
比较健康	非常不健康	0.724	0.243	0.065	-0.03	1.48
	比较不健康	0.340	0.117	0.078	-0.02	0.70
	一般	0.178	0.093	0.450	-0.11	0.46
	非常健康	-0.266	0.201	0.782	-0.89	0.35
非常健康	非常不健康	0.990*	0.299	0.027	0.07	1.91
	比较不健康	0.605	0.209	0.080	-0.04	1.25
	一般	0.444	0.197	0.278	-0.16	1.05
	比较健康	0.266	0.201	0.782	-0.35	0.89

注:* 表示平均值差值的显著性水平为 0.05。

3.5.5.5 职称对学术生态的影响

不同职称的高校青年教师在考虑评完职称后是否继续做学术研究这个问题

时是否会不一样呢？这与笔者所关注的核心问题紧密相关。结果显示（见表3-97和表3-98），教授这方面的得分显著高于讲师和副教授（P = 0.003，0.032 < 0.05）。为了更好地对这一结果进行解释，有必要把题意重新理解一遍。题目对青年教师进行提问："有一种声音说高校里评完职称就不想继续做学术研究，你是否认可这种声音？"目前处于讲师和副教授职称的青年教师得分比目前处于教授职称的青年教师的得分低，即讲师和副教授目前预测自己将来评完职称后继续做学术研究的意向比教授低，这与低职称教师学术自我效能感比教授低有关。

表3-97 高校青年教师获得职称后的科研态度与职称差异的方差分析

	平方和	自由度	均方	F	显著性
组间	22.240	3	7.413	4.881	0.002
组内	1 480.751	975	1.519		
总计	1 502.991	978			

表3-98 高校青年教师获得职称后的科研态度与职称的多重比较

因变量：高校青年教师获得职称后的科研态度

（I）职称	（J）职称	平均值差值(I−J)	标准误差	显著性	95% 置信区间 下限	上限
助教	讲师（助理研究员）	0.180	0.124	0.548	−0.17	0.53
	副教授（副研究员）	0.072	0.131	0.959	−0.30	0.44
	教授（研究员）	−0.445	0.194	0.154	−0.99	0.10
讲师（助理研究员）	助教	−0.180	0.124	0.548	−0.53	0.17
	副教授（副研究员）	−0.108	0.090	0.695	−0.36	0.14
	教授（研究员）	−0.625*	0.169	0.003	−1.10	−0.15
副教授（副研究员）	助教	−0.072	0.131	0.959	−0.44	0.30
	讲师（助理研究员）	0.108	0.090	0.695	−0.14	0.36
	教授（研究员）	−0.517*	0.174	0.032	−1.00	−0.03
教授（研究员）	助教	0.445	0.194	0.154	−0.10	0.99
	讲师（助理研究员）	0.625*	0.169	0.003	0.15	1.10
	副教授（副研究员）	0.517*	0.174	0.032	0.03	1.00

注：* 表示平均值差值的显著性水平为 0.05。

以上考察了不同职称对青年教师评完职称后的学术意向的影响，接下来考察不同职称工龄是否对此也有影响。方差分析及进一步的多重比较数据显示（见表3-99和表3-100），获得目前职称1年以内的青年教师极其显著高于获得目前职称10年以上的青年教师（P=0<0.01），获得目前职称1~2年的青年教师（P=0.037<0.05）显著高于获得目前职称10年以上的教师。归纳后可知获得目前职称2年以内的青年教师对于未来获得职称也会继续进行学术研究的意向要显著高于获得目前职称10年以上的青年教师，可见刚刚获取职称的青年教师意气风发，对学术研究之路充满希望，而获得目前职称多年的青年教师则比较安于现状。

表3-99　高校青年教师获得职称后的科研态度与职称工龄差异的方差分析

	平方和	自由度	均方	F	显著性
组间	70.056	9	7.784	5.264	0
组内	1 432.935	969	1.479		
总计	1 502.991	978			

表3-100　高校青年教师获得职称后的科研态度与职称工龄的多重比较

高校青年教师获得职称后的科研态度

（I）获得目前职称	（J）获得目前职称	平均值差值（I-J）	标准误差	显著性	95% 置信区间 下限	95% 置信区间 上限
	2 年	0.136	0.138	0.999	-0.43	0.71
	3 年	0.376	0.141	0.628	-0.21	0.96
	4 年	0.273	0.156	0.961	-0.37	0.92
	5 年	0.512	0.142	0.166	-0.07	1.10
1 年及以内	6 年	0.593	0.175	0.248	-0.13	1.32
	7 年	0.521	0.188	0.565	-0.25	1.30
	8 年	0.597	0.176	0.248	-0.13	1.32
	9 年	0.563	0.198	0.522	-0.25	1.38
	10 年及以上	0.810*	0.141	0	0.23	1.39

表3-100(续)

(I) 获得目前职称	(J) 获得目前职称	平均值差值(I-J)	标准误差	显著性	95% 置信区间	
					下限	上限
2年	1年及以内	−0.136	0.138	0.999	−0.71	0.43
	3年	0.240	0.159	0.986	−0.42	0.90
	4年	0.137	0.172	1.000	−0.57	0.85
	5年	0.376	0.160	0.786	−0.28	1.03
	6年	0.457	0.190	0.760	−0.33	1.24
	7年	0.385	0.202	0.933	−0.45	1.22
	8年	0.461	0.191	0.757	−0.33	1.25
	9年	0.427	0.211	0.904	−0.44	1.30
	10年及以上	0.674*	0.159	0.037	0.02	1.33
3年	1年及以内	−0.376	0.141	0.628	−0.96	0.21
	2年	−0.240	0.159	0.986	−0.90	0.42
	4年	−0.103	0.175	1.000	−0.82	0.62
	5年	0.135	0.163	1.000	−0.53	0.81
	6年	0.217	0.192	0.998	−0.58	1.01
	7年	0.145	0.204	1.000	−0.70	0.99
	8年	0.221	0.193	0.998	−0.58	1.02
	9年	0.187	0.213	1.000	−0.69	1.06
	10年及以上	0.434	0.162	0.618	−0.23	1.10
4年	1年及以内	−0.273	0.156	0.961	−0.92	0.37
	2年	−0.137	0.172	1.000	−0.85	0.57
	3年	0.103	0.175	1.000	−0.62	0.82
	5年	0.238	0.175	0.994	−0.48	0.96
	6年	0.320	0.203	0.981	−0.52	1.16
	7年	0.248	0.214	0.998	−0.63	1.13
	8年	0.324	0.204	0.980	−0.52	1.17
	9年	0.290	0.223	0.995	−0.63	1.21
	10年及以上	0.537	0.175	0.398	−0.18	1.26

表3-100（续）

（I）获得目前职称	（J）获得目前职称	平均值差值（I-J）	标准误差	显著性	95% 置信区间	
					下限	上限
5 年	1 年及以内	−0.512	0.142	0.166	−1.10	0.07
	2 年	−0.376	0.160	0.786	−1.03	0.28
	3 年	−0.135	0.163	1.000	−0.81	0.53
	4 年	−0.238	0.175	0.994	−0.96	0.48
	6 年	0.082	0.193	1.000	−0.71	0.88
	7 年	0.010	0.204	1.000	−0.83	0.85
	8 年	0.085	0.194	1.000	−0.71	0.88
	9 年	0.052	0.213	1.000	−0.83	0.93
	10 年及以上	0.298	0.163	0.947	−0.37	0.97
6 年	1 年及以内	−0.593	0.175	0.248	−1.32	0.13
	2 年	−0.457	0.190	0.760	−1.24	0.33
	3 年	−0.217	0.192	0.998	−1.01	0.58
	4 年	−0.320	0.203	0.981	−1.16	0.52
	5 年	−0.082	0.193	1.000	−0.88	0.71
	7 年	−0.072	0.229	1.000	−1.01	0.87
	8 年	0.004	0.219	1.000	−0.90	0.91
	9 年	−0.030	0.237	1.000	−1.01	0.95
	10 年及以上	0.217	0.192	0.998	−0.58	1.01
7 年	1 年及以内	−0.521	0.188	0.565	−1.30	0.25
	2 年	−0.385	0.202	0.933	−1.22	0.45
	3 年	−0.145	0.204	1.000	−0.99	0.70
	4 年	−0.248	0.214	0.998	−1.13	0.63
	5 年	−0.010	0.204	1.000	−0.85	0.83
	6 年	0.072	0.229	1.000	−0.87	1.01
	8 年	0.076	0.230	1.000	−0.87	1.02
	9 年	0.042	0.246	1.000	−0.97	1.06
	10 年及以上	0.289	0.204	0.991	−0.55	1.13

表3-100(续)

（I）获得目前职称	（J）获得目前职称	平均值差值（I-J）	标准误差	显著性	95% 置信区间 下限	上限
8 年	1 年及以内	−0.597	0.176	0.248	−1.32	0.13
	2 年	−0.461	0.191	0.757	−1.25	0.33
	3 年	−0.221	0.193	0.998	−1.02	0.58
	4 年	−0.324	0.204	0.980	−1.17	0.52
	5 年	−0.085	0.194	1.000	−0.88	0.71
	6 年	−0.004	0.219	1.000	−0.91	0.90
	7 年	−0.076	0.230	1.000	−1.02	0.87
	9 年	−0.034	0.237	1.000	−1.01	0.95
	10 年及以上	0.213	0.193	0.999	−0.58	1.01
9 年	1 年及以内	−0.563	0.198	0.522	−1.38	0.25
	2 年	−0.427	0.211	0.904	−1.30	0.44
	3 年	−0.187	0.213	1.000	−1.06	0.69
	4 年	−0.290	0.223	0.995	−1.21	0.63
	5 年	−0.052	0.213	1.000	−0.93	0.83
	6 年	0.030	0.237	1.000	−0.95	1.01
	7 年	−0.042	0.246	1.000	−1.06	0.97
	8 年	0.034	0.237	1.000	−0.95	1.01
	10 年及以上	0.247	0.213	0.998	−0.63	1.12
10 年及以上	1 年及以内	−0.810*	0.141	0	−1.39	−0.23
	2 年	−0.674*	0.159	0.037	−1.33	−0.02
	3 年	−0.434	0.162	0.618	−1.10	0.23
	4 年	−0.537	0.175	0.398	−1.26	0.18
	5 年	−0.298	0.163	0.947	−0.97	0.37
	6 年	−0.217	0.192	0.998	−1.01	0.58
	7 年	−0.289	0.204	0.991	−1.13	0.55
	8 年	−0.213	0.193	0.999	−1.01	0.58
	9 年	−0.247	0.213	0.998	−1.12	0.63

注：* 表示平均值差值的显著性水平为 0.05。

3.5.5.6 周边学术风气对学术生态的影响

一半以上（50.9%）的青年教师认为自己所在的高校学术风气一般，21.5%的青年教师认为自己所在高校的学术风气比较差，17.4%的青年教师认为自己所在的高校学术风气比较好，8.5%的青年教师认为自己所在高校的学术风气非常差，1.8%的青年教师认为自己所在高校的学术风气非常好（见表3-101）。无论学术风气是好是坏，43%的青年教师承认所在高校的学术风气对自己学术生态的影响比较大，6.3%的青年教师认为影响非常大，另有3.3%和22.6%的青年教师认为所在高校的学术风气对自己完全没有影响或不太有影响，24.8%的青年教师不确定是否有影响（见表3-102）。

表3-101　所在高校的学术风气自评

		人数/人	百分比/%	有效百分比/%	累计百分比/%
自评	非常差	83	8.5	8.5	8.5
	比较差	210	21.5	21.5	29.9
	一般	498	50.9	50.9	80.8
	比较好	170	17.4	17.4	98.2
	非常好	18	1.8	1.8	100.0
	总计	979	100.0	100.0	

表3-102　所在高校的学术风气的影响

		人数/人	百分比/%	有效百分比/%	累计百分比/%
影响	完全没有影响	32	3.3	3.3	3.3
	影响比较小	221	22.6	22.6	25.8
	说不清楚	243	24.8	24.8	50.7
	影响比较大	421	43.0	43.0	93.7
	影响非常大	62	6.3	6.3	100.0
	总计	979	100.0	100.0	

进一步深入分析的结果显示（见表3-103和表3-104），不同学术风气的高校对青年教师的学术生态的影响力大小是不一样的，差异极其显著（P=0<0.01）。其中，学术风气非常差的高校对教师学术生态的影响力显著高于学术风气比较差、一般和比较好的高校（P=0.009，0，0.003<0.05），学术风气非常好的高校对教师学术生态的影响力显著高于学术风气一般的高校（P=0.012，0.038<0.05），学术风气一般的高校的学术生态影响力极其显著地低

于学术风气非常差、比较差、比较好的高校（P = 0，0.001，0.038 < 0.01）。数据显示，学术风气非常差和非常好的高校才对青年教师具有显著的学术生态影响力，学术风气非常差的高校对青年教师的学术生态影响力显著高；学术风气一般的高校对青年教师的学术生态影响力显著低。可见，一个高校如果学术风气走势呈下滑趋势是一件后果极为严重的事情，因为风气越差的学术生态对其青年教师的影响越大，影响越大则学术风气越差，如此形成恶性循环，最终导致学术生态的完全恶化。

表 3-103　所在高校的学术风气对学术生态影响的方差分析

	平方和	自由度	均方	F	显著性
组间	60.675	4	15.169	16.633	0
组内	888.275	974	0.912		
总计	948.950	978			

表 3-104　所在高校的学术风气对学术生态影响的方差分析的多重比较

因变量：所在高校的学术风气对学术生态影响的程度

(I) 所在高校的学术风气	(J) 所在高校的学术风气	平均值差值 (I-J)	标准误差	显著性	95% 置信区间 下限	95% 置信区间 上限
非常差	比较差	0.455*	0.124	0.009	0.07	0.84
	一般	0.791*	0.113	0	0.44	1.14
	比较好	0.520*	0.128	0.003	0.13	0.91
	非常好	-0.033	0.248	1.000	-0.80	0.73
比较差	非常差	-0.455*	0.124	0.009	-0.84	-0.07
	一般	0.336*	0.079	0.001	0.09	0.58
	比较好	0.065	0.099	0.980	-0.24	0.37
	非常好	-0.489	0.235	0.362	-1.21	0.23
一般	非常差	-0.791*	0.113	0	-1.14	-0.44
	比较差	-0.336*	0.079	0.001	-0.58	-0.09
	比较好	-0.271*	0.085	0.038	-0.53	-0.01
	非常好	-0.825*	0.229	0.012	-1.53	-0.12
比较好	非常差	-0.520*	0.128	0.003	-0.91	-0.13
	比较差	-0.065	0.099	0.980	-0.37	0.24
	一般	0.271*	0.085	0.038	0.01	0.53
	非常好	-0.554	0.237	0.243	-1.28	0.18

表3-104(续)

(I) 所在高校的学术风气	(J) 所在高校的学术风气	平均值差值(I-J)	标准误差	显著性	95% 置信区间 下限	上限
非常好	非常差	0.033	0.248	1.000	−0.73	0.80
	比较差	0.489	0.235	0.362	−0.23	1.21
	一般	0.825*	0.229	0.012	0.12	1.53
	比较好	0.554	0.237	0.243	−0.18	1.28

注:* 表示平均值差值的显著性水平为 0.05。

3.5.5.7 重要他人对学术生态的影响

当被问及"对学术影响最大的人"时,46.7%的青年教师表示是硕士生、博士生阶段的导师,导师作为学术启蒙人和引导者,在青年教师的学术生涯中扮演着极为重要的角色,另外分别有15.4%和14.2%的高校青年教师表示单位高职称同事和单位同龄同事对自己的学术工作影响最大(见表3-105)。由此可见,组织环境以及周边"邻居"对青年教师的学术生态影响比较大。

表3-105 对学术工作影响最大的人

		频率	百分比/%	有效百分比/%	累计百分比/%
影响最大的人	硕士生、博士生期间的同学	54	5.5	5.5	5.5
	硕士生、博士生阶段的导师	457	46.7	46.7	52.2
	硕士生、博士生期间的(除导师外)其他老师	69	7.0	7.0	59.2
	单位同龄同事	139	14.2	14.2	73.4
	单位高职称同事	151	15.4	15.4	88.9
	外出开会、培训等结交的朋友	66	6.7	6.7	95.6
	其他	43	4.4	4.4	100.0
	总计	979	100.0	100.0	

高校青年教师在学术生态的社会化过程中有导师、同事的示范,31.8%的青年教师认为存在2位特别敬佩且愿意以其为榜样的人,另有17.1%的青年教师和18.6%的青年教师分别认为存在1位和3位特别敬佩且愿意以其为榜样的人(见表3-106)。利用加权平均数计算:1×17.1%+2×31.8%+3×18.6%+4×4.1%+5×3.9%+6×17.3% = 2.762。可以得知,每位青年教师心中存在约2.8位特别敬佩并愿意以其为榜样的人,这是青年教师社会学习邻居链接的基数。

表 3-106　学术榜样个数

		人数/人	百分比/%	有效百分比/%	累计百分比/%
学术榜样个数	0	72	7.4	7.4	7.4
	1 位	167	17.1	17.1	24.4
	2 位	311	31.8	31.8	56.2
	3 位	182	18.6	18.6	74.8
	4 位	40	4.1	4.1	78.9
	5 位	38	3.9	3.9	82.7
	6 位以上	169	17.3	17.3	100.0
	总计	979	100.0	100.0	

当青年教师在学术之路上遇到内心的迷茫时，41%的人通过"自己犯错后不断调整、总结、顿悟"的方式克服困难，18.4%的人通过"长辈、朋友等指点"克服困难，18.3%的人通过"观察、学习身边的学术达人"克服困难，17.3%的人"通过网络资源学习成功学者的经验"克服困难（见表 3-107）。当青年教师遇到学术技术难题的时候，34.9%的人通过"阅读相关书籍或参加各类培训获取相关技术"解决难题，23.1%的人"通过网络资源学习成功学者的做法"解决难题，15.8%的人通过"长辈、朋友等指点"解决难题，12.9%的人通过"观察、学习身边学术达人的做法"解决难题（见表 3-108）。对比对青年教师影响最大的人的数据以及心目中敬仰和愿意以之为榜样的人的数据可以看出，青年教师在解决学术成长过程中的精神方面的问题或技术方面的问题时，更高比例的人会首选通过自己摸索获取相关解决问题的信息或方法，学术性格上总体"偏内向"，观察学习的方式被经常使用。由此可见，组织文化及学术生态环境会对青年教师的学术成长带来很大的影响。

表 3-107　学术心态困境解决办法

		人数/人	百分比/%	有效百分比/%	累计百分比/%
解决方法	长辈、朋友等指点	180	18.4	18.4	18.4
	观察、学习身边的学术达人	179	18.3	18.3	36.7
	通过网络资源学习成功学者的经验	169	17.3	17.3	53.9
	自己犯错后不断调整、总结、顿悟	401	41.0	41.0	94.9
	通过了解别人走过的弯路学习经验	24	2.5	2.5	97.3
	其他	26	2.7	2.7	100.0
	总计	979	100.0	100.0	

表 3-108　学术技术困境解决办法

		人数/人	百分比/%	有效百分比/%	累计百分比/%
解决方法	长辈、朋友等指点	155	15.8	15.8	15.8
	观察、学习身边学术达人的做法	126	12.9	12.9	28.7
	通过网络资源学习成功学者的做法	226	23.1	23.1	51.8
	阅读相关书籍或参加各类培训获取相关技术	342	34.9	34.9	86.7
	自己犯错后不断调查、总结、顿悟	95	9.7	9.7	96.4
	通过了解别人走过的弯路学习经验	19	1.9	1.9	98.4
	其他	16	1.6	1.6	100.0
	总计	979	100.0	100.0	

3.5.5.8　学术生态影响因素的整体分析

笔者采用逐步多元回归法进行分析，因变量是学术生态，自变量是各相关因素，最后有五个因素被纳入，它们依次是日均学术时间、学术平台、获取当前职称后的年数、学历、健康状态。从表 3-109 可以看出，回归模型依据各自变量对校标变量的预测力高低而逐一进入回归模型，回归系数未达到显著的自变量则被排除在回归模型之外。因此，进入回归模型的自变量回归系数均达到显著水平。在模型 1 中，进入回归方程式的自变量是"日均学术时间"，相关系数是 0.335，其解释量是 11.2%，关联强度介于 0.059 至 0.138 之间，属于中度关联强度。在模型 2 中，进入回归方程式的自变量是"日均学术时间"和"学术平台"，两者的联合解释变异量（R^2）为 15.5%，其中"学术平台"自变量的解释量（R^2 变化）0.155−0.112＝0.042，增加量的 F 值（F 变化量）为 49.064，显著性概率为 0<0.05。在模型 3 中，进入回归方程式的自变量是"日均学术时间""学术平台"和"获取当前职称后的年数"，三者的联合解释量为 18.0%，其中"获取当前职称后的年数"自变量的解释量（R^2 变化量）为 0.026，增加变异量显著性检验的 F 值为 30.494，显著性概率值为 0<0.05。在模型 4 中，进入回归方程式的自变量是"日均学术时间""学术平台""获取当前职称后的年数"和"学历"，它们的联合解释量（R^2）为 19.1%，其中"学历"的解释量（R^2 变化量）为 0.011，增加变异量显著性检验的 F 值为 12.778，显著性为 0<0.05。在模型 5 中，进入回归方程的自变量为"日均学术时间""学术平台""获取当前职称后的年数""学历"和"健康状态"，五

个变量的联合解释量为20.1%，其中"健康状态"变量的解释量（R^2变化量）为0.009，增加变异量显著性检验的F值为11.475，显著性为P＝0.001＜0.05。

表3-109　回归方程模型摘要

模型	R	R^2	调整后R^2	标准估算的误差	更改统计				
					R^2变化量	F变化量	自由度1	自由度2	显著性F变化量
1	0.335[a]	0.112	0.111	0.366 20	0.112	123.650	1	977	0
2	0.393[b]	0.155	0.153	0.357 51	0.042	49.064	1	976	0
3	0.425[c]	0.180	0.178	0.352 23	0.026	30.494	1	975	0
4	0.437[d]	0.191	0.188	0.350 12	0.011	12.778	1	974	0
5	0.448[e]	0.201	0.196	0.348 25	0.009	11.475	1	973	0.001

注：a. 预测变量（常量）：工作日平均每天投入学术科研的工作时间。

b. 预测变量（常量）：工作日平均每天投入学术科研的工作时间、是否拥有自己的学术平台。

c. 预测变量（常量）：工作日平均每天投入学术科研的工作时间、是否拥有自己的学术平台、获得目前职称至今已经多少年。

d. 预测变量（常量）：工作日平均每天投入学术科研的工作时间、是否拥有自己的学术平台、获得目前职称至今已经多少年、学历。

e. 预测变量（常量）：工作日平均每天投入学术科研的工作时间、是否拥有自己的学术平台、获得目前职称至今已经多少年、学历、健康状态。

f. 因变量：学术生态。

在多元回归分析中，投入的五个预测变量对"学术生态"校标变量具有显著预测能力，依据其解释变异量大小依次为"日均学术时间""学术平台""获取当前职称后的年数""学历"和"健康状态"，其显著性改变的F值分别为123.650、49.064、30.494、12.778、11.475，均达到0.05的显著水平，每个自变量进入回归模型后所增加的个别解释量均达到显著水平（P<0.05）。五个变量对"学术生态"校标变量的预测力分别为11.2%、4.2%、2.6%、1.1%、0.9%，共同解释了变异量的20.1%（见表3-110）。

表3-110　回归模型方差分析

		平方和	自由度	均方	F	显著性
1	回归	16.582	1	16.582	123.650	0[b]
	残差	131.019	977	0.134		
	总计	147.601	978			

表3-110(续)

		平方和	自由度	均方	F	显著性
	回归	22.853	2	11.427	89.399	0^c
2	残差	124.748	976	0.128		
	总计	147.601	978			
	回归	26.636	3	8.879	71.565	0^d
3	残差	120.965	975	0.124		
	总计	147.601	978			
	回归	28.203	4	7.051	57.517	0^e
4	残差	119.398	974	0.123		
	总计	147.601	978			
	回归	29.594	5	5.919	48.803	0^f
5	残差	118.006	973	0.121		
	总计	147.601	978			

注：a. 因变量：学术生态。

b. 预测变量（常量）：工作日学术工作时间。

c. 预测变量（常量）：工作日学术工作时间、学术平台。

d. 预测变量（常量）：工作日学术工作时间、学术平台、获得职称后年数。

e. 预测变量（常量）：工作日平均每天投入学术科研的工作时间、是否拥有自己的学术平台、获得目前职称至今已经多少年、学历。

f. 预测变量（常量）：工作日平均每天投入学术科研的工作时间、是否拥有自己的学术平台、获得目前职称至今已经多少年、学历、健康状态。

以上方差分析是五个回归模型的整体显著性检验，由于采用逐步多元回归分析法，因此每个模型的整体显著性 F 值都会达到显著水平（P<0.05）。回归模型整体检验的 F 统计量达到显著水平，表示在每个回归分析模型中，进入回归方程的预测变量对"学术生态"校标变量的解释力全部达到显著，即进入回归方程的所有自变量回归系数不为 0。方差分析结果显示，五个回归分析模型的整体显著性检验 F 值分别为 123.650（P=0<0.05）、89.399（P=0<0.05）、71.565（P=0<0.05）、57.517（P=0<0.05）、48.803（P=0<0.05）。

表3-111 为五个回归模型的回归系数及其显著性检验，包括非标准化回归系数极其标准误差、标准化回归系数、回归系数显著性检验的 t 值及显著性概率值、共线性诊断的统计量 [包括容忍度及方差膨胀系数（VIF）]。从容忍度及 VIF 指标可以检验多元回归是否存在多重共线性问题，容忍度越接近 0，表示变量间越存在线性重合问题。方差膨胀系数数值如果大于 10，则表示变量

间有线性重合问题。

上述五个回归模型的容忍度值（容差）介于 0.724 至 0.964 之间，VIF 值小于评鉴指标值 10，这表示进入回归方程的自变量之间没有线性重合问题（见图 3-19）。

表 3-111　回归系数[a]

模型		非标准化系数		标准化系数	t	显著性	共线性统计	
		B	标准误差	Beta			容差	VIF
1	（常量）	2.397	0.024		98.432	0		
	工作日学术工作时间	0.108	0.010	0.335	11.120	0	1.000	1.000
2	（常量）	2.280	0.029		78.388	0		
	工作日学术工作时间	0.082	0.010	0.255	8.075	0	0.869	1.151
	学术平台	0.121	0.017	0.221	7.005	0	0.869	1.151
3	（常量）	2.383	0.034		69.604	0		
	工作日学术工作时间	0.079	0.010	0.245	7.876	0	0.866	1.155
	学术平台	0.118	0.017	0.216	6.929	0	0.868	1.153
	获得职称后年数	−0.020	0.004	−0.161	−5.522	0	0.994	1.006
4	（常量）	2.154	0.073		29.716	0		
	工作日学术工作时间	0.064	0.011	0.198	5.877	0	0.732	1.367
	学术平台	0.107	0.017	0.196	6.236	0	0.841	1.189
	获得职称后年数	−0.018	0.004	−0.143	−4.867	0	0.965	1.036
	学历	0.079	0.022	0.120	3.575	0	0.737	1.357
5	（常量）	1.989	0.087		22.828	0		
	工作日学术工作时间	0.068	0.011	0.210	6.234	0	0.724	1.382
	学术平台	0.100	0.017	0.183	5.817	0	0.829	1.206
	获得职称后年数	−0.017	0.004	−0.137	−4.697	0	0.962	1.039
	学历	0.086	0.022	0.131	3.900	0	0.730	1.369
	健康状态	0.044	0.013	0.099	3.387	0.001	0.964	1.038

注：因变量：学术生态。

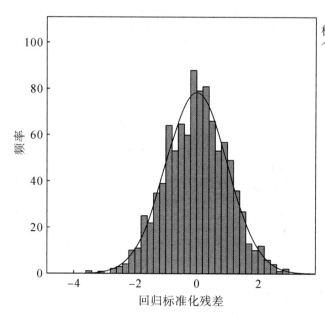

标准差=0.997
个案数=979

图3-19　回归标准化残差（因变量：学术取向）

以上预测逐步多元回归的结果统整为表3-112。

表3-112　逐步多元回归分析模型摘要汇总表

模型	R	R^2	R^2 变化量	F	F 变化量	B	Beta
1	0.335[a]	0.112	0.112	123.650	123.650	1.989 0.068	0.210
2	0.393[b]	0.155	0.042	89.399	49.064	0.100	0.183 -0.137
3	0.425[c]	0.180	0.026	71.565	30.494	-0.017	0.131
4	0.437[d]	0.191	0.011	57.517	12.778	0.086	
5	0.448[e]	0.201	0.009	48.803	11.475	0.044	0.099

因此，标准化的回归方程式如下：

学术生态=0.210×日均学术时间+0.183×学术平台-0.137×获取当前职称后的年数+0.131×学历+0.099×健康状态

由表3-113和表3-114可知，学术生态类型=-0.241×学术幸福感+0.149×学术动机-0.084×学术伦理。由回归方程可知，学术幸福感得分越高，学术伦理得分越高，则学术生态类型越偏向理想型，即以学术兴趣和发现真理为主；当学术动机得分越高，则学术生态类型越偏向功利型。

表 3-113 学术类型回归分析的方差分析[a]

	模型	平方和	自由度	均方	F	显著性
	回归	18.109	1	18.109	78.276	0[b]
1	残差	226.028	977	0.231		
	总计	244.137	978			
	回归	22.964	2	11.482	50.669	0[c]
2	残差	221.173	976	0.227		
	总计	244.137	978			
	回归	24.598	3	8.199	36.414	0[d]
3	残差	219.539	975	0.225		
	总计	244.137	978			

注：a. 因变量：如果把高校教师的学术生态分为偏理想型（学术驱动力以兴趣和发现真理为主）和偏功利型（学术驱动力以职称、利益等为主）两种类型，目前更接近哪种类型。

b. 预测变量（常量）：学术幸福感平均。

c. 预测变量（常量）：学术幸福感平均、学术动机。

d. 预测变量（常量）：学术幸福感平均、学术动机、学术伦理。

表 3-114 学术类型回归分析系数[a]

模型		非标准化系数		标准化系数	t	显著性
		B	标准误差	Beta		
1	（常量）	2.137	0.071		30.147	0
	学术幸福感平均	−0.225	0.025	−0.272	−8.847	0
2	（常量）	1.802	0.101		17.882	0
	学术幸福感平均	−0.215	0.025	−0.261	−8.529	0
	学术动机	0.074	0.016	0.142	4.629	0
3	（常量）	1.883	0.105		17.965	0
	学术幸福感平均	−0.199	0.026	−0.241	−7.694	0
	学术动机	0.078	0.016	0.149	4.871	0
	学术伦理	−0.055	0.020	−0.084	−2.693	0.007

注：a. 因变量：如果把高校教师的学术生态分为偏理想型（学术驱动力以兴趣和发现真理为主）和偏功利型（学术驱动力以职称、利益等为主）两种类型，目前更接近哪种类型。

b. 预测变量（常量）：学术幸福感平均。

c. 预测变量（常量）：学术幸福感平均、学术动机。

d. 预测变量（常量）：学术幸福感平均、学术动机、学术伦理。

4 质性研究

笔者用量化研究揭示"what"(是什么),用质性研究揭示"why"(为什么)和"how"(怎么样),两种方法相结合,扬长避短,有利于发挥量化研究的大数据优势和质性研究的细腻深刻优势,克服量化研究的科学主义和质性研究的不完全归纳的弊端。

本部分的质性研究并非独立存在的,而是与第二部分的量化研究相呼应,共同组成研究的相应部分,为研究问题的最终解决发挥各自应有的功能。量化研究验证了一部分假设,然而对于其中的深层次原因无力进行细致探析。因此,本部分运用质性研究对研究过程进行设计后,对深度访谈的案例进行精心选择。

质性研究编码分析与理论建构的过程经常要面对如何处理纷繁多样的研究素材的挑战,这类素材可能是访谈录音,也可能是在现场的观察笔记、收集到的文本资料或拍摄到的图片资料等。早在 20 世纪 80 年代,研究者便开始使用电脑辅助质性研究分析,其中以理论建构为目标导向的编码类质性分析软件常被采用的有两种:一种是柏林科技大学心理系发展的定性数据分析软件(Atlas.ti),另一种是乐卓博大学电脑科学系发展的定性数据分析软件(Nvivo)。作为整合型的研究工具,这两种软件都具备大多质性分析软件的常见功能,如搜索、编码、产生规则、建立理论、建立索引、建立逻辑关系、建立概念网络。本书的质性研究使用 Atlas.ti 软件对深度访谈材料进行编码整理。

笔者在与每位访谈对象进行深度交谈之前都只是预约了时间、地点和大概的主题,如"职称""学术生活",并没有正式告知访谈对象精确的访谈题目,以免访谈对象紧张和刻意准备,因为一旦精心准备,回答就可能是一种应然状态的回答,而不是实然的个体的代表性回答。

虽然质性研究对于抽样并没有量化研究那样的规范、科学,但是为防止访谈有失偏颇,笔者还是对访谈对象进行了初步的抽样,兼顾讲师、副教授、教授的不同职称层次，年龄、性别等人口统计学特征，社会科学和自然科学的学科特点，深度访谈总人数 15 人，每个人的访谈时间在 1 小时以上，采用开放式访谈，以学术取向的维度为框架。

4.1　动力：以职称为基础的学术动机层次

关于高校教师的学术动机，有一个必须交代的前提：高校毕竟是曾经的象牙塔，因此选择进入高校并把教师作为职业的人群已经在入职的时候经历了一次筛选，有精神追求取向或学术情结的这一批知识分子进入了高校。不同的圈子有不同的规则体系，进入学校后，高校教师也进入所谓的"圈子"和相应的规则体系。

我 2005 年进校，一进校想过评职称，仔细研究过评中级的职称文件，评上中级后研究评副高级的条件，觉得难度很大，根本不可能。评上中级后不是不愿意评，是太难了，达不到，所以丧失了信心。读博士之后转为专任教师，专任教师的评价体系就是职称，所以不管能不能实现，都要去试一下。专任教师和辅导员虽然都是在高校，但是评价体系不一样。（H 老师）

由以上 H 老师所言，他是硕士毕业后入校，进入的是辅导员岗位，即学生工作的圈子，所了解的是辅导员晋升的规则体系，因此 H 老师认真钻研了职称政策文件，顺利评上讲师。如他所言，当时他是辅导员中对职称政策了解得最透彻的人之一，很多其他辅导员评职称需要具备哪些具体条件都还要向他打听。但是评上讲师后，由于副教授的要求太高，再加上辅导员队伍的考评体系不是职称，H 老师就放弃评副高职称了。由此看出政策就是指挥棒，暂不涉及这个政策相关利害关系的圈子成员对政策的关注度是不够的。两方面的后续发展可以印证这个说法，一是 H 老师在 2012 年攻读博士学位后顺利转为专职教师，评价指标变成职称后，H 老师全力以赴地准备评副教授；二是 A 大学自2010 年开始，学生工作队伍辅导员全部转为专业技术人员后，辅导员中关注职称政策、研究职称政策的人越来越多，但是由于目标太遥远，心有余而力不足，大多数人呈现动力不足的状态。

对于自己进行学术研究的动力来源，H 老师这样回答：

我做学术研究的动力首先来自自我价值和精神追求，这一动力占四成。要写文章，就要看书，看书是大学教师的精神享受。精神世界更丰富，对教学也有促进作用。我进行学术研究的第二大动力是评职称，与精神追求持平。但是转专任教师后，价值评价的标准变了，角色改变了，绩效有了差异，精神上的追求、经济上的追求，都很重要。评上副高职称后，经济上薪酬待遇会提高，在群体中受到的评价和认可度也会提高。（H老师）

H老师目前是讲师，对于他而言，进行学术研究的动力是经济价值和精神追求的交织，而职称政策则扮演了规则体系的角色。对于已经评上副教授或教授的高校教师而言，学术动力是否会呈现一定的差异呢？

L老师博士生毕业后进入A大学任教，两年后评上副高职称，成功申报国家自然科学基金等国家级科研项目。

做学术研究就是给自己一个交代。读了这么多书，为的是什么？需要给自己交代。从事任何一个行业，都需要给自己交代。我是从农村出来的，读完初中后，要读高中吗？读完高中后，要读大学吗？很偶然，一切从混沌中，每一步都很惊险、很庆幸，所以现在也很谨慎，要给一路走过来的自己一个交代。我清醒得比较晚，以前一直很被动，现在才找到做事情的感觉，知道自己也可以做得好，甚至比别人更好，不想辜负了萌生出来的驱动力。

现行职称政策是有合理性的，因为质量很难衡量，数量才可以衡量，有说服力。识时务，就要往职称政策上靠，因为这个政策是针对大多数人的。都是从事教学工作的老师，如何评价衡量呢？要适应政策，而不是一意孤行地认为"老师就是上课"。教学做得好，但是最起码科研也要说得过去，不能走极端，大学跟高中不一样。教学的比较如何进行？很难衡量。教学保底，最终的衡量标准还是科研、学术，相对公平。（L老师）

L老师来自山东农村，科研动力来自对完整学术生涯的追求，来自一路走来对生活的感恩、庆幸，来自"输不起"和对完美主义的追寻，同时也来自他一路努力在职称评定、课题申报等方面成功后被逐步强化的信心和动力。博士生毕业的L老师，掌握了最前沿的理论和技术，在SCI、EI等期刊上发表多篇文章，是职称政策的既得利益者和规则体系内的游刃有余者。作为"制度化精英"的L老师主张要融入职称政策，不能走极端，认为当前的量化的学术要求比质量要求更具说服力。

B老师和L老师虽然同为副教授，但学术经历和现状却完全不同。B老师所在的学科属于人文社科类学科，没有接受过量化研究的系统训练。

2000年（评上）讲师，2007年（评上）副教授，当时的条件是高质量的论文，2篇高质量论文就行。评了副教授之后，学校的标准就提高了，后来要求有省部级课题，要有6篇论文，甚至还要有专著，科研成果类型比原来更丰富了。我搭上了（评副教授的）末班车，比较幸运。评上副教授之后，不做学术研究了，评教授的要求太高了，要有国家级的项目、课题，要有 A 级的文章，而我所在的专业方面根本没有 A 级期刊，本学科顶级的期刊在我校只划分成 B2。不同的学校有不同的标准，有的学校会向本校的学科设置倾斜，但是我校不但没有倾斜，反而参考中国社科院的刊物分类法，以此标准发表 A 级的文章难度非常大。这种划分导向没有激励作用，如果激励机制产生偏差，老师们的行为就会产生偏差，没有意义、没有价值，即使很努力，也得不到应有的肯定，我与其花高成本达到考核标准，还不如不去努力完成。不管从经济角度还是从价值角度考虑，我觉得这样更划算。所以当职称到达一定程度（层次）后，我就不愿再做学术研究了。（B 老师）

对于 B 老师而言，虽然评上副教授职称后失去学术动机，但是还是可以很明显地看出，其考虑的出发点和落脚点也都是经济与精神两方面，其所谈到的发表论文从经济角度更不划算的观点具有一定的代表性。

前面三个案例分别涉及讲师和副教授，那么对于已经评上教授职称的高校教师，他们的学术动机是否会有变化呢？

Q 老师 2004 年博士生毕业后入校，2005 年评上副教授，2010 年评上教授。

当时（笔者注：2004 年）评职称的条件非常简单，文章要有一定的篇数，质量上只要 2 篇核心刊物，只要参与一项课题，横向课题也可以。当时学校面临本科教学评估，职称比例有问题，评职称也相对简单。

最开始做学术研究的动力是兴趣。刚来时，有职称压力，动力要强些。现在评了教授职称后，动力减弱，主要是看兴趣。我们学校没有这种氛围，很多学校评上正高后要评博士生导师，学术竞争在科研动力中的比例很高。高级别的文章不可能每年都发，课题不可能每年都能拿省部级和国家级课题。科研产出逐渐减少跟努力程度相关，也跟科研平台、科研条件相关，刚进校的时候，有博士学术训练的延续，4～5 年之后，没有科研平台和团队，有个想法，怎么完善、是否可行，没有团队可以讨论，没有氛围。职称问题也基本解决了，压力没那么大了，所以自己放松自己。我现在主要是靠横向课题来完成考核分。自身和氛围的影响是关键。（Q 老师）

Q 老师坦言自己评上教授职称后也担任了硕士生导师，压力没有那么大了，所以放松了自己，但是她也清醒地意识到，她的那些毕业后留在名校的博士同学们，即使评了正教授，还是学术成果不断。

我留在名校的同学即使评了正高，还是成果不断，因为大家每年都在出成果。（他们）经常有国外的学术讲座、同学间的学术沙龙交流。我们学校在科研团队这方面的建设做得很不好，主要采用了物质条件的激励，如理工科的实验室等。这方面××大学就做得很好，鼓励大家建立团队，根据自己的爱好建立协同小组，每个小组每年给2万~3万元经费，小组成员经常交流，讨论新观点、新课题等。

在周围没有人竞争的情况下，人的主动性在减弱，惰性也产生了。

××大学的老师比我们学校的老师成果多，并不代表他们更聪明，只是他们平台更高。还是有很多人评了职称后还在写论文，因为之后要评博士生导师、面对考核等。我们学校只有硕士生导师，每个学校的比较对象也不一样。

那些同学的动力更多来自"成为出类拔萃的少部分人"。平台更重要，来自前辈的提携也很重要。虽然他们（笔者注：Q老师入职名校的博士同学）一直说很累很累，但是可以感觉到他们很自豪、很有优越感。我经常去参加一些会议，上面主讲的同学都是我以前的博士同学。他们平台高、氛围好，所以发展得快，现在到任何地方都很受尊重。（Q老师）

Q老师所认同的学术动力是评职称、评硕士生导师、评博士生导师、圈内认同感的层层递升。在这个递升层级中，职称是最基础的动机层级，满足这个最基础的动机后，会出现评硕士生导师、评博士生导师、国内学术圈的认同、国际学术圈的认同，最基础的动机层级实现后可能向高一级的动机层级发展，但是也不一定，这与学者个人的价值观、努力程度以及所处的学术平台相关（见图4-1）。

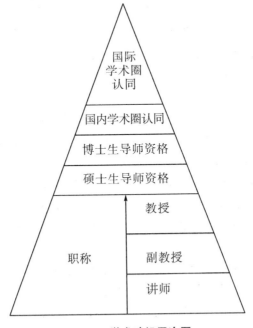

图4-1　学术动机层次图

这种动机层级与马斯洛的需求层次相对应。因为职称一般与绩效工资的等级直接相关，职称层级对应生存需求、安全需求，教授、副教授职称及硕士生导师、博士生导师层级对应尊重需求层级，学术圈认同对应自我实现的需求层级，职称是学术动机层次的基础。

4.2　手段：职称政策理性倒逼学术研究

4.2.1　时间倒逼

职称政策规定，讲师满五年后可以申报副教授，副教授满五年后可以申报教授。许多高校教师希望尽可能高效率地完成职称评定任务，于是就催生了学术时间倒逼。

时间倒逼的一种方式是在时间节点范围内，逼迫自己写出一定数量的论文。L 老师是职称评定比较顺利的少数人之一，博士生毕业后一年顺利评上副教授，之后成功申报国家自然科学基金项目，担任硕士生导师，科研论文相继发表，如今正在朝评定教授的路上有序前进。

时间可以自由支配是最幸福的。我清醒的比较晚，以前一直很被动，现在才找到做事情的感觉，知道自己也可以做得好，甚至比别人更好。（L 老师）

C 老师博士毕业后，因为要在一年之内完成副教授职称评定所需的文章篇数，为了赶上职称评定的节点，有些文章发表的时候观点还不是很成熟。

2007 年进校，2008 年评副教授。那时候要求不高，好像就是 3 篇 CSSCI 文章。我在评职之前着急发了一些文章，一年多时间发了五六篇，但是有一篇着急发的，当时的观点有些不成熟，现在想起来还有点后悔。为了评职称，必须在这个时间点之前发出文章来，所以就没有耐心去沟通交流，自己对学术的标准也下降了。（C 老师）

时间倒逼的另一种表现方式是在有限的时间里，为保证顺利评上职称，首先保证学术时间，剩余的极其有限的时间再分配给教学等。

教学保底，最终的衡量标准还是科研、学术，相对公平。超那么多课时有什么用？经济收益少，浪费时间，逼着老师搞科研。（L 老师）

这种科研时间倒逼教学时间，无疑成为当前重科研、轻教学的现状形成的因素之一。高校教师都是智力优异的高度理性个体，他们在分配自己的精力和时间的时候必然倾向于帕累托最优。帕累托最优是一种资源分配的理想状态，人们追求帕累托最优的过程，其实就是认知加工各类信息并进行决策的过程，其目的是利用有限的人力、物力、财力，对资源配置进行最优化处理，从而实现以最低的成本创造最高的效率和最多的效益。政府和社会用什么评价高校，高校往往就会转移和分散这种评价压力。现有的高等教育各类评价指标中，一部分评价指标在校舍资源、硬件配备等资源配置和投入方面，另一部分评价指标在科研成果、教学名师、学校声望、优秀校友等方面。在各大学排名、学科评估、平台申报审批以及硕士点和博士点的申报中，科研成果尤其是高水平科研成果占据了举足轻重的地位。因此，高校将这种科研压力层层分解，量化为科研任务转移给二级学院的教师，并将科研条件作为职称评定的主要考核条件。二级学院为了消化学校下发的科研任务，只有将科研作为晋升职称、年度考核和各类评优的筛选工具。其必然结果是高校教师理性分配自己有限的时间、精力，在教学和科研的决策博弈中，科研收益明显高于教学收益。科研可以量化，可以让无声的时间留下有形的痕迹，可以带来科研奖励金，可以晋升职称，可以获取各类经济资本、文化资本和社会资本。

理性权衡后的科研时间倒逼教学时间，是导致高校教师不愿意多授课而愿意搞科研的主要原因。

4.2.2 形式、内容倒逼

学术本身是寻求未知世界的规律和必然性。对于未知世界的规律和必然性，采取什么样的研究方法应该由所需要解决的问题本身决定。最好的研究方法是最适合解决问题的方法，最适合的方法才是最匹配的方法。一旦论文发表成为一种定量的目标和每年必须考核的任务时，作为理性人的论文写作者就不得不采取一种形式倒逼模式：什么样形式的论文最受期刊欢迎？是定量的还是定性的？是数据论证的还是理论阐述的？如果是定量的，什么软件、什么版本是最入时的？总之，什么形式的论文好发表，论文写作者就立意构思这种形式的论文。

如果说论文发表中也存在一条所谓的"鄙视链"的话，那么英文发表相对于中文发表拥有绝对的优势，通常论文如果可以发表于 SCI 或 SSCI 刊物，绝不会发表于 CSSCI 刊物。原因一方面在于国内学术圈认为只有达到国外期刊发表的标准，才是国际化和高水准的，才能被认可；另一方面在于国内论文发表环境的苛刻。对于大多数青年教师而言，论文在国内刊物的发表周期较长、成本很高。

在国外发 SCI 论文的话，我看大部分论文半年左右可以见刊。从论文投出去到网上出现该论文可以下载，大概半年左右。国内的核心期刊很多时候排期

都排到两年了。（XU老师）

我们专业没有定量模型，评教授基本不可能，省部级或国家级课题也不可能。像我们理论深度不够、技术也不行，写论文很困难……很多学科，不知道怎么回事，都往定量方向发展……现在很多是倒着来，结论出来了，为了搞学术，用定量的方式建立模型。什么类型的文章好发、什么内容的文章好发，就写什么。定性的主要是那些资格老的话语霸权者。（X老师）

很多老师也反映，学术只有与自身的兴趣相结合才能让产生真正的创新和学术幸福感。

发文章有压力，一年研究20多个课题，这些课题都是最前沿的话题，经常"切换频道"，（研究）无法深入。（C老师）

学术只有发自内心的热爱才会产生幸福感，如果只是作为评职称的工具，是比较功利的。为了有文章、有项目，跨专业写作、申报，带有投机性质，就脱离了本专业，（研究）不精深。（B老师）

高校职称政策纵然给高校教师制造了生存危机感，但对于高校青年教师，尤其是人文基础学科的青年教师而言，情况却非常不同。选择人文社科研究的青年教师，可以说大部分都是兴趣使然，葆有内在的对学术本身的纯粹追求。"学术之花"特别是人文社科的成果之花，往往需要很长时间的滋养、孕育。一些青年教师在研究问题、思虑万千不肯轻易罢手时，却为了各种"紧急"的考核而不得不暂时抽身出来，陷入为发表论文而仓促拼凑文字的状态。学术的本真状态——在相对宽松的时间中耐心地做出真正经得起考验的研究成果，与追求时效的机械化科研考核制度和职称政策之间根本就是相悖的。

有的地区职称评定分类进行，区分教学为主型、科研为主型和教学科研型，鼓励教师根据自身特长分类发展，然而这三类职称政策中科研论文发表和主持课题依旧是考核的重头戏。教学为主型该如何衡量？各类教学成果奖、讲课比赛获奖、优秀课件评比获奖是必需的条件，而关于授课质量又该如何衡量？若参考学生评教结果，则只会带来任课教师为了避免学生的差评而降低教学要求，给学生打高分或在课堂上挖空心思"取悦"学生，因为学生的选课标准、评教标准是课堂有趣、不点名和期末考试容易过关。课程内容高深枯燥、课堂管理严格、作业要求频繁的教师往往成为学生评教时差评的对象和网络上吐槽的对象，而师兄师姐们"过来人"的吐槽又势必影响师弟师妹们下一轮选课的参考标准。教师们为了基本的课时达标，不得不按照学生的喜好标准修改自己知识传授的标准。学生在知识传授这个以教师为主导的过程中逐渐占据主导地位，师生关系变成了"制衡关系"。

4.3　环境：学术霸权与市场运作挤兑本真学术取向

一定数量的论文的发表是职称政策中的核心内容。职称是高校教师的价值评价标准和薪酬标准之一，因此高校教师不遗余力地发表论文。有需求就有市场，论文发表市场应运而生。

一个关系比较好的期刊编辑直接跟我说，他们每一期刊物的论文中，有几篇的版面是给"学术牛人"准备的，其余的版面都拿出去卖了。（S老师）

C刊（版面费）以前是2 000元（笔者注：2005年），教师本来工资就不高，又要动脑筋，写出来的又不是有创新和很前沿的，还要花钱发表，辛辛苦苦，从经济的角度考虑也不划算。（X老师）

学术期刊面临每三年一次的定级评估，由此催生了众多学术期刊版面在学术霸权与市场运作之间的博弈。一方面，期刊要保证自身的学术水平和影响因子，在定级中不至于落选，因此要为学术大家、专家们的稿源留足版面；另一方面，论文发表市场需求巨大，其他版面就交由市场"运作"了。

目前这种发文章的大环境，（论文）写得很费功夫，写出来也要收费，让人对学术本身产生怀疑。（H老师）

这几年学术环境在改善。有些刊物以质量取胜，学术刊物的规范性在改进。版面费可能是历史遗留问题。在高校，职称政策就是最大的指挥棒，如果没有根本的变化，就很难改变现状。（H老师）

权威学术期刊成为摇钱树，杂志社也明白了生态链，高级别刊物的价格成倍增加，让教师感觉到在经济上的负担很大，在一定程度上削弱了教师工作的积极性。因为学术成了衡量的唯一标准，教师不愿意在教学和公益事业上分担更多的精力。有的领域高级别刊不多，被少数的"学霸"霸占，版面有限。（B老师）

人为地对科研论文的高要求，导致学术圈很混乱，发表高质量的论文，一切向钱或权看，形成潜规则，让很多教师有苦难言、苦不堪言，甚至对现在的学术环境失望，用不搞学术来抵触……关于科研项目也是这样，掌握了相关权力资源的部门，圈子内的、有关系的可以获得优质的项目，圈子外的、没有资源的，往往很难分得一块蛋糕。（B老师）

高校教学科研队伍中的新人的学术积累往往不够，学术交流圈相对较窄，面对学校政策中的论文压力，必须在一定的年限内发表相应数量和相应规格的论文才能获评相应的职称。这导致高校教师尤其是人文社科学科的教师没办法沉淀下来从事学术研究和打磨精品，而是不遗余力地提高论文产出效率。论文代写代发中介机构的出现更是对论文发表市场的生态系统造成的严重破坏。

4.4 走向：学术的异化或学者的自我解放

《面向二十一世纪教育振兴行动计划》指明，高等学校要在国家创新工程中承担重要使命，充分发挥自身科技优势，努力推动知识创新和技术创新。高校职称政策将论文发表作为硬性要求之一，其初衷在于引导高校教师从事创造性学术活动。这项政策的实施是否达到了目标？

创新是很难的事情，真正的创新是需要付出极其艰苦的努力的，现在很多创新是假创新或伪创新。创新需要时间和空间。量化的评价体系催生出来的创新已经打了很大的折扣了。学术创新的规律是先积累后爆发。揠苗助长会催生急功近利。

现在真正的创新涉及顶层设计、层级配合、人才培养。我们需要尊重创新、鼓励创新、给创新宽容的时间和空间，催生出来的创新，创新度很低。学者要做得了十年"冷板凳"。但是，现在的学校哪会允许教师有十年的思考？现在也无非把一年考核延长到三年考核，很难改变。（H老师）

量化考评体系下的职称政策没有给创新营造出适宜的环境，反而形成了一些异化的乱象。乱象之一是我国的科研论文在数量上居全球第一，质量上却无从言起。乱象之二是对英文论文的过度崇尚。国际三大检索期刊上发表的论文，其刊物定级和科研成果分值远远高于国内期刊论文，中国学者想写出既能充分表达思想见地又符合英语阅读习惯的英语论文，其难度不言而喻，尤其是对于人文社科类高校青年教师而言，更是难上加难。对于理工科的教师而言，工程应用类的研究成果也不容易在国外期刊发表，即使发表了，国内大多数技术工作者往往也无法看到，传播效益有限。

像我们工程类的专业，主要解决的是一些工程应用的问题，而不是基础科学的问题，要在SCI期刊上发文章难度很大。比如我解决的是工程问题，不是基础研究的问题，是一些应用技术的问题，而应用技术的成果在国外没有市场。（XU老师）

我在国外的期刊上发了（论文），我们中国的（大多数）科技工作者又看不到，因为大多数人不会去看国外的论文。所以这个对于国内来讲其实是没有

任何效益的。（XU 老师）

因为（职称论文）要求太高，导致一些教师很消极，对教书育人的责任都产生了负面影响。把学术、爱好、激励完美结合，才能导向教师做研究，否则，一味要求高级别文章容易脱离学校的现实环境。高校教师培养人才是第一位的，然后是在自己感兴趣的领域内做研究。如果激励产生偏差，结果往往就会产生偏差。（B 老师）

乱象之三是高校教师的优秀标准异化为"科研牛人"。大学的传统功能是教学、科研和社会服务，优秀的高校教师应该是在教书育人、学术科研、服务社会的一方面或几方面有成绩和建树，然而不少高校的现状是"优秀教师"的标准已经异化为"科研牛人"。

一些高校一味强调学术，形成怪象，即只要科研好，就是好老师。在此单一的政策指挥棒下，影响了科研能力较弱的老师授课的积极性。最大的危害性就是影响人才培养的质量。（B 老师）

职称政策中对于学术的要求一旦成为一个文本，就成为有力的政策指挥棒。老师们教学的差距不大，难以落实到具体差距，所以最后以科研为标准，评优秀教师、年终考评等都是以科研为标准来评，显失公平。这也导致老师们从事科研工作后，教学就随便应付。老师要把教学搞好，不容易，也不显性。学生可能不知道老师下了很大的功夫，把精华的、前沿的内容都传授给了学生。反而是一些经常讲笑话、考前画重点、上课不点名、考试不挂科的老师受欢迎。（X 老师）

高校的职称评定、科研考核、年终考核、优秀评定，每一样都跟科研成果密切相关。事实上，在一些高校，优秀教师、优秀教育工作者等荣誉最终都是科研成果突出的教师获得，而至于教学，过得去就行，难以量化。基于如此的逻辑，学术成果在高校升级成为一切荣誉、待遇、福利的最终筛选工具，继而成为指导高校教师行为的指挥棒。高校将来自各方的各类科研创新评价压力转移给教师，职称政策、绩效政策、评优政策等全部按照风向标强化对学术科研的引导和奖励，许多教师对高校"唯科研论英雄"已经习以为常。然而，针对这种现状，也有很多老师看到了弊端。

这种量化的评价体系属于揠苗助长，会催生急功近利，是在走弯路。（H 老师）

这种状态不能持续，也不会持续。我现在只是提前进行（笔者注：辞去行政职务，不再参评教授）。（C 老师）

面对这种量化的标准和学术生活，个别高校教师选择了"自我解放"，用不作为来表达无声的反抗，或者走出规则体系，创设自己的价值评判标准。个别高校教师在获得职称后就不再做科研，这是其"自我解放"的一种表现方式。"自我解放"的另一种表现方式是在追求职称无果时转而在另一个规则系统中寻找自我价值。

> 已经不打算评（职称）了，大概知道要求，但是要花费更多时间精力去完成。我现在同样在做研究，只是不跟着指挥棒走了，不写那些（课题）申请书了，太耗费时间了。我现在有更多时间看书，有了新想法就在微博上发表。网络发表虽然连刊物都不是，但是好处是你一发出来，就有人看，马上有人反馈、交流和互动。其实学术的乐趣就在于此。当然，我的研究也指向现实的问题，上一年写了20万字的研究成果，其中一半是发改委的课题。他们很尊重我的成果，认为精炼、有"干货"。我跟他们合作，也了解了现实发展中的问题，获得了认可。（C老师）

4.5　理想：内部动机方能激发学术幸福感

青年教师进入高校工作，到底追求的是什么呢？2 300年前亚里士多德就已经回答了这个问题："世人不分男女，都以追求幸福为人生的最高目标。"人们追求健康、美貌、金钱、权力，无非也是因为他们以为拥有这些就可以得到幸福。

青年教师进入高校后获得幸福了吗？如果他们坚定不移、刻不容缓地追求职称的话，幸福感也许会与他们渐行渐远。奥地利心理学家维克多·弗兰克在《活出意义来》的序言里说："不要以成功为目标——你越是对它念念不忘，就越有可能错过它。因为成功如同幸福，不是追求就能得到；它是一个人全心全意投入并把自己置之度外时，意外获得的副产品。"因此，当青年教师以追求职称和奖励为工作目标时，学术幸福感乃至生活幸福感都会让步于此。

虽然面对政策导向下学术评价标准，部分教师选择"自我解放"，然而不可否认的是，当初选择高校教师作为职业的人群都是具有从事学术科研内部动机的知识分子。

> 很多读博士的，都是为了学术的追求。但是大多数人的学术幸福感在外部的标准中丧失了。有些人善于处理一些内外的矛盾，前辈支持、自己努力、悟性较好，在外部支持下，很好地调整内外矛盾，发表了很多文章、申请了很多课题，这些是少数人。

外部刺激可以有，但是要跟内部的动机结合起来，不能使两者目标相悖。为了评职称，必须在这个时间点之前（把论文）发出来，所以就没有耐心去沟通、交流，对学术的标准下降了。一个小孩很喜欢吃一样东西，但是你非要他吃很多很多，吃多了就会产生厌恶。课题结题（的论文）、评职称的论文，这些要求你为完成任务不停地写。逼得没办法。很反感！（C 老师）

带着最初对学术的纯粹追求，高校教师在各类政策、考核等外部激励与压力下逐渐失去了探寻学术意义的动力。一个原本热爱学术研究的人最后用"反感"这个词来形容他对学术的感觉，实在令人扼腕叹息。过分充足理由效应（overjustification effect）认为，外部奖励会损害内部动机[1]。当外部激励消失时，外部动机随之终止，与此同时，原本存在于青年教师心目中的追求真理的内部学术动机也会因外部激励消失而逐渐消失殆尽。

做学术研究只有发自内心的热爱才会有幸福感，如果只是评职称的工具，是比较功利的，导致一些教师很消极，对教书育人都产生了负面影响。把学术、爱好、激励完美结合，才能引导教师做研究，否则一味发表高级别的论文，脱离了学校的现实环境。（B 老师）

比较纯粹地写自己感兴趣的文章，并得到社会的承认，这种承认不需要花额外的金钱和人脉就能实现。如果花了很多工夫，写了很多文章，但是处处不被采纳，收获更多的是挫折感。（H 老师）

学院的整体组织氛围比较好。（X 老师）

教师们反复强调兴趣、热爱是学术幸福感的源头，外部的认可、组织的归属是幸福感持续的条件，这与米哈里的"心流体验"不谋而合，当个体心无旁骛地沉浸于自己感兴趣的事件之中，会产生一种极致的幸福感，被称为心流[2]。科研制度利用青年教师的生理和心理需求，让人不知不觉地陷入对政策奖励的垂涎和对政策惩罚的惧怕，因此不断地追求政策的奖励，按照政策规定的方向去行动，避免被惩罚。学术社会化是必须的，但是青年教师必须摆脱制度的外部制约，让内在心流体验成为学术生活最主要的奖励。这样青年教师就不必为政策中遥不可及的目标和求而不得的奖赏受尽"折磨"，也不必在政策目标达成后迅速陷入目标虚无状态。

作为高校教师，幸福感的一个主要来源是教学过程中与学生的互动以及得

① Elliot Aronson，等. 社会心理学 [M]. 5 版. 侯玉波，等译. 北京：中国轻工业出版社，2007：124.

② 米哈里·契克森米哈赖. 心流：最优体验心理学 [M]. 张定绮，译. 北京：中信出版社，2017：84.

到学生的认可。虽然在前面的分析中，我们会叹息外部政策的引导会导致高校教师理性地认为应该将更多的时间分配给学术科研，但是正是这个在精力上、时间上被科研无限倒逼和挤占的教学，最终反而成为高校教师幸福感的重要来源。正如博耶的多维学术观所倡导的，知识传播活动——教学从本质上也是一种学术。被传播的知识来自先辈们传承下来的宝贵经验和最新的研究成果，这些知识教育年轻的大学生成长成才，并引导他们中的部分人成为未来的学者。教学工作是一个最不适宜量化考评的工作，因为教育的效果不仅仅体现在短时期内学生考试分数的提升上，更主要是体现在学生心灵品质的提升和综合素质的提升上，而这些在短期内是无法呈现的，会呈现延时效应，有可能是 3 年后、5 年后、10 年后，甚至是 20 年后。一旦不可量化的工作内容遭遇可清晰量化的考评标准，那么处于生存需求阶段的理性个体必然会以考评标准为自身行为的圭臬。

讲课的时候，那些孩子都很专注地看着你、认真听，我会很开心；师生之间的交流互动，如果学生不认真，我就感觉不好。(L 老师)

教学是一个互动的过程，教师的幸福感主要来自学生。现在学生的学风也大不如以前，不怎么听课。以前（教室）一二排坐得满满的，现在是从后排开始坐。现在学生人手一部手机，不知道在看什么。(L 老师)

幸福感可以打 90 分，没有乱七八糟的事儿，孩子、爱人都挺好。家庭对女人很重要，非要发论文、报课题，把自己搞得很痛苦，何必呢？（X 老师）

高校应真正按照学术创新的规律创设条件，而非对高校教师实施机械的量化考核。以有限的指标量化无限的学术创造，实为幼稚之举。可见，外部激励政策唯有与学术创新的规律相契合，才能引导高校教师向发现新知、追求真理的方向前行，才能孕育出真正的学术幸福感。

5 数学计算

在高校青年教师群体中，其学术的动机方向可以分为两个基本大类：一类是功利型，即从事学术研究是为了功名利禄，一旦不跟这些相关，就没有了从事学术研究的动力；另一类是理想型，即从事学术研究是为了满足对高深知识的求知欲，为了探求真理，即使没有与之相关的利益存在，也保有对学术研究的热情。或许有人会质疑以上分类，现实生活中可能很多教师都不是纯粹的某一种类型，而是两种类型不同比例的组合，事实也确实如此。但是在研究的模型中，把群体简化为两种单一的类型，再进行演化博弈，其演化发展的过程其实就包含了多种类型共生的情况。因此，在包括问卷在内的实际研究过程中，笔者为便于演化博弈均衡的计算，把偏功利型和纯粹功利型都归为功利型，把偏理想型和纯粹理想型都归为理想型，这是数学计算部分的分类前提。

理想型和功利型教师的分类中没有生物学演化中的基因问题，他们的行为方式是通过学习和模仿来遗传，具有社会行为学习的显著特点。高校青年教师中两位教师成为一个博弈组合，如果两人都是偏功利型的话，那么他们的收益支付设为 (a, a)，因为形成了只为名利从事学术研究的大环境，所以可以预见这种收益支付最低；如果都是偏理想型的话，他们的收益支付是 (b, b)，因为每一位青年教师都是为了追求真理而孜孜不倦，所以可以预测这种组合的收益支付最高，原因是形成了浓郁的学术组织风气；如果是一人偏功利型和一人偏理想型的话，存在邻居学习效应和相应的演化博弈，因此这种组合的收益支付是 (c, d)。

假如高校青年教师群体都是由这两类人构成的话，那么随着功利型教师与理想型教师之间的动态演化博弈，最终哪一种类型的教师会成为主流群体呢？如果偏功利型青年教师的比例是 x，那么偏理想型青年教师的比例是 $(1-x)$。对于功利型的教师而言，其预期支付就是 x 乘以 a，加上 $(1-x)$ 乘以 0，得到

的结果就是 ax；对于理想型的教师而言，其预期支付是 $(1-x)$ 乘以 b，加上 x 乘以 0，得到的结果是 $b-bx$。因此，如果功利型教师的预期支付高于理想型教师的预期支付，即 $ax>b-bx$，$x>b/(a+b)$ 的时候，意味着功利型教师更容易生存。我们暂且把这个比例称为 x_0。但是，如果反过来，当比例小于 x_0 的时候，理想型教师更加容易获得生存适应。这样如果高校学术圈的青年教师中，有 x_0 比例以上的青年教师是功利型的，那么功利型教师就更适合生存，平衡会向功利型方向发展，学术圈子最后会演化为所有教师都是功利型的，理想型教师就会被淘汰；反过来，如果高校学术圈中理想型教师的比例高于 $1-x_0$，那么理想型教师就更适合生存，平衡会向理想型方向发展，学术圈最后会演化为所有教师都是理想型的，功利型教师最终被淘汰。因此，稳定均衡的情况是要么所有青年教师都是功利型的，要么所有青年教师都是理想型的。

接下来，笔者分别计算当下不同类型青年教师的比例、各自的支付矩阵和演化稳定均衡点。

5.1 偏理想型和偏功利型青年教师的比例

在生物学概念的博弈中，所有个体同属一个群体，同一个群体中的人随机进行博弈。然而，在社会生活中，更多的情况是博弈方属于不同类型的群体，比如鹰型与鸽型两类性格特质人的博弈，又比如婚姻中物质型与感情型两类人的博弈。在本书的研究中，当被问及"如果把高校教师的学术取向分为偏理想型（学术驱动力以兴趣和发现真理为主）和偏功利型（学术驱动力以职称、利益等为主）两种类型，您认为您目前更接近哪种类型"时，47.5%的人认为自己是偏理想型的，52.5%的人认为自己是偏功利型的（见表5-1）。

自评在一定程度上会有美化自己的误差倾向，因此本书的研究进一步询问他评结果。当被问及"如果把高校教师的学术取向分为偏理想型（学术驱动力以兴趣和发现真理为主）和偏功利型（学术驱动力以职称、利益等为主）两种类型，您觉得身边的高校教师中偏理想型教师与偏功利型教师的占比大概为多少"时，各种比例都有（见表5-2）。笔者根据加权平均数的算法，以"偏理想型与偏功利型教师的比例"求出他评视角下偏功利型高校教师的占比平均数。

占比平均数 = $0.9 \times 38.6\% + 0.8 \times 18.9\% + 0.7 \times 19.3\% + 0.6 \times 6.1\% + 0.5 \times 9.4\% + 0.4 \times 1.9\% + 0.3 \times 1.6\% + 0.2 \times 2\% + 0.1 \times 2\% = 0.735\ 7$

他评视角中的偏功利型高校教师平均占比为 73.57%。与上面 52.5% 的自评数据相对比可知，有 21.07%（73.57%－52.5%）的高校青年教师在自己眼中是偏理想型教师，而在他人眼中却是偏功利型教师。这就意味着这 21.07% 的高校青年教师虽然自认为是理想型，但其言行在其他教师看来却属于偏功利型，这是因为每个人在认知上有抬高自身的正向偏差，他们在评价有关社会所看重的品质和能力时，倾向于对自己的评价比实际情况更高[①]。

表 5-1　偏理想型教师和偏功利型教师比例自评

		人数/人	百分比/%	有效百分比/%	累计百分比/%
比例自评	偏理想型	465	47.5	47.5	47.5
	偏功利型	514	52.5	52.5	100.0
	总计	979	100.0	100.0	

表 5-2　偏理想型教师和偏功利型教师比例他评

		人数/人	百分比/%	有效百分比/%	累计百分比/%
比例他评	1 : 9	378	38.6	38.6	38.6
	2 : 8	185	18.9	18.9	57.5
	3 : 7	189	19.3	19.3	76.8
	4 : 6	60	6.1	6.1	82.9
	5 : 5	92	9.4	9.4	92.3
	6 : 4	19	1.9	1.9	94.3
	7 : 3	16	1.6	1.6	95.9
	8 : 2	20	2.0	2.0	98.0
	9 : 1	20	2.0	2.0	100.0
	总计	979	100.0	100.0	

① 乔纳森·布朗. 自我 [M]. 陈浩莺，等译. 北京：人民邮电出版社，2014：54.

5.2 偏理想型和偏功利型教师的支付矩阵

当被问及"假设有限的学术资源（包括课题立项、论文版面等）是一个被均分为10块的蛋糕，您认为在高校中偏理想型教师可获取的学术资源与偏功利型教师可获取的学术资源占比大概会是多少"时，高校青年教师的回答情况如表5-3所示。

表5-3　偏理想型教师与偏功利型教师可获取学术资源比

		人数/人	百分比/%	有效百分比/%	累计百分比/%
	1：9	270	27.6	27.6	27.6
	2：8	189	19.3	19.3	46.9
	3：7	179	18.3	18.3	65.2
	4：6	83	8.5	8.5	73.6
可获取	5：5	146	14.9	14.9	88.6
学术	6：4	43	4.4	4.4	93.0
资源比	7：3	29	3.0	3.0	95.9
	8：2	20	2.0	2.0	98.0
	9：1	20	2.0	2.0	100.0
	总计	979	100.0	100.0	

加权平均数 $= 0.9 \times 27.6\% + 0.8 \times 19.3\% + 0.7 \times 18.3\% + 0.6 \times 8.5\% + 0.5 \times 14.9\% + 0.4 \times 4.4\% + 0.3 \times 3.0\% + 0.2 \times 2.0\% + 0.1 \times 2.0\% = 0.728$

收益支付，即可以获取的生存资源，以上加权平均表明当偏功利型和偏理想型教师共存时，他们对资源的占用比例分别是 0.272、0.728。

下面是另一种算法，问卷中有题项问到"假设高校科研工作者对社会文明进步的贡献值满分是 10 分，那么您认为当高校教师团队为理想型教师、功利型教师各占 50% 时，这个教师团队对社会文明进步的贡献值大概是多少分"，回答情况如表 5-4 所示。

加权平均数 $= 0 \times 1.2\% + 1 \times 3.8\% + 2 \times 4.5\% + 3 \times 9.5\% + 4 \times 7.5\% + 5 \times 27.1\% + 6 \times 13.3\% + 7 \times 10.7\% + 8 \times 12.6\% + 9 \times 6.4\% + 10 \times 3.5\% = 5.549$

表 5-4　理想型教师、功利型教师各占 50% 时的文明贡献值

		人数/人	百分比/%	有效百分比/%	累计百分比/%
文明贡献值	0	12	1.2	1.2	1.2
	1	37	3.8	3.8	5.0
	2	44	4.5	4.5	9.5
	3	93	9.5	9.5	19.0
	4	73	7.5	7.5	26.5
	5	265	27.1	27.1	53.5
	6	130	13.3	13.3	66.8
	7	105	10.7	10.7	77.5
	8	123	12.6	12.6	90.1
	9	63	6.4	6.4	96.5
	10	34	3.5	3.5	100.0
	总计	979	100.0	100.0	

当被问及"假设高校科研工作者对社会文明进步的贡献值满分是 10 分，您认为当高校教师团队中偏功利型（学术驱动力以职称、利益等为主）教师占 100% 时，这个团队对社会文明进步的贡献值大概会是多少分"时，高校青年教师的回答情况如表 5-5 所示。

表 5-5　偏功利型教师占 100% 时的文明贡献值

		人数/人	百分比/%	有效百分比/%	累计百分比/%
文明贡献值	0	128	13.1	13.1	13.1
	1	135	13.8	13.8	26.9
	2	135	13.8	13.8	40.7
	3	148	15.1	15.1	55.8
	4	93	9.5	9.5	65.3
	5	170	17.4	17.4	82.6
	6	79	8.1	8.1	90.7
	7	49	5.0	5.0	95.7
	8	29	3.0	3.0	98.7
	9	8	0.8	0.8	99.5
	10	5	0.5	0.5	100.0
	总计	979	100.0	100.0	

进行加权平均后，得到偏功利型高校青年教师的支付收益如下：

支付收益=0×13.1%+1×13.8%+2×13.8%+3×15.1%+4×9.5%+5×17.4%+6×8.1%+7×5.0%+8×3.0%+9×0.8%+10×0.5%=4.413

同样，当被问及"假设高校科研工作者对社会文明进步的贡献值满分是10分，您认为当高校教师团队中偏理想型（学术驱动力以兴趣和发现真理为主）教师占100%时，这个团队对社会文明进步的贡献值大概会是多少分"时，高校青年教师的回答情况如表5-6所示。

进行加权平均后，得到偏理想型高校青年教师的支付收益如下：

支付收益=0×0.9%+1×2.3%+2×3.1%+3×4.8%+4×4.8%+5×15.5%+6×10.6%+7×11.0%+8×20.4%+9×13.1%+10×13.4%=6.753

表5-6 偏理想型教师占100%时的文明贡献值

		人数/人	百分比/%	有效百分比/%	累计百分比/%
文明贡献值	0	9	0.9	0.9	0.9
	1	23	2.3	2.3	3.3
	2	30	3.1	3.1	6.3
	3	47	4.8	4.8	11.1
	4	47	4.8	4.8	15.9
	5	152	15.5	15.5	31.5
	6	104	10.6	10.6	42.1
	7	108	11.0	11.0	53.1
	8	200	20.4	20.4	73.5
	9	128	13.1	13.1	86.6
	10	131	13.4	13.4	100.0
	总计	979	100.0	100.0	

功利型与功利型青年教师的适应度=4.413/2=2.2（为方便设置矩阵，取小数点后一位）

理想型与理想型青年教师的适应度=6.753/2=3.4（为方便设置矩阵，取小数点后一位）

功利型和理想型的混合型青年教师的适应度=5.549

混合型青年教师的适应度分配如下：

5.549×0.728=4.04

5.549×0.272=1.51

去小数点后一位得（4.0，1.5）。

因此，最终功利型和理想型高校青年教师的收益矩阵如表5-7所示。

表5-7   收益矩阵

	功利型	理想型
功利型	（2.2，2.2）	（4.0，1.5）
理想型	（1.5，4.0）	（3.4，3.4）

5.3   演化博弈临界点的计算

设高校中功利型青年教师的比例是 x，则理想型青年教师的比例为（1-x），功利型青年教师的收益是 $x \times 2.2 + (1-x) \times 0 = 2.2x$，理想型青年教师的收益是（1-$x$）$\times 3.4 + x \times 0 = 3.4 - 3.4x$。当功利型青年教师的收益等于理想型青年教师的收益时，即 $2.2x = 3.4 - 3.4x$ 时，$x = 60.7\%$ 达到一个演化博弈的均衡点。

当前功利型教师比例的自评数据是 52.5%，他评数据的加权平均值是 73.57%，正处于演化博弈均衡点的左右。由于人们倾向于自我正向评价，在评价他人的时候倾向于比较苛责，因此自评和他评的数据都具有一定的误差。对自评数据和他评数据再进行一个平均处理（52.5%+73.57%）/2 = 63%，那么功利型青年教师的比例是 63%，刚刚处于均衡点 60.7% 的右端，这表示高校青年教师的学术生态纳什均衡已经被入侵而受到破坏，在路径上呈现向功利型方向收敛。

学术取向演化博弈如图5-1所示，横坐标是功利型的比例，纵坐标是预期支付，中间临界点是 60.7%。可以看出，当 x 等于 60.7% 的时候也是一种均衡，但这是一种不稳定的均衡。只要出现小小的变异入侵，这种均衡就会被破坏，向两边偏移，到达全部是功利型或全部是理想型——这里仅仅表示一种收敛路径上的方向，并未提及收敛到均衡状态的速度，这个过程也许很短，也许很长。因此，在现实高校学术圈功利型与理想型演化博弈的过程中，我们要对收敛方向进行客观判断，要对收敛速度较慢有所准备。由于所有演化博弈模型是在原有制度因素不变的情况下进行的，因此不难想象，只要改变当前高校制度因素，控制负向收敛速度、改变收敛方向也是有可能的。

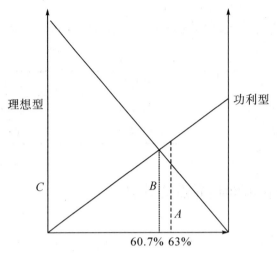

图 5-1　学术取向演化博弈

5.4　学术生态形成机制——动态演化博弈

高校学术生态系统具有演化博弈特征。演化博弈论可以被用在高校学术生态系统中，高校教师属于高知群体，具有理性思维，同时也属于社会群体和高校亚文化群体，在学术社会化过程中有着有限理性。高校教师通过不断向邻居个体——身边的高校教师学习，进行学术资源获取策略上的更新，最终达到稳定均衡。由于每位高校教师是异质的有限理性个体，他们的理性程度存在差别，因此在识别邻居策略、试错、学习和调整自身策略的程度上存在差异。

根据前面的演化博弈理论和计算所得的演化博弈图及其收敛扩张的仿真模拟，高校学术生态的形成机制来自理想型和功利型两种类型教师的动态演化博弈。

5.4.1　邻居选择

在高校学术生态系统的简单模型中，存在两股博弈的力量——理想型高校教师和功利型高校教师。前者是指在学术活动中以追求真理或自我实现为主要学术动机的教师，后者是指以追求职称或外部奖励为主要学术动机的教师。高校青年教师是高校中学术社会化程度不深的群体。硕士生或博士生毕业，高校青年教师怀揣着最原生态的学术热忱和职业理想进入高校，因此可以判断他们初进高校时是理想型高校教师。

进入高校后，高校青年教师面临着职称晋升的压力、学术资源竞争的压力以及科研奖励的诱惑，在行为主义的驱动下，许多为追求真理而进行学术研究的青年教师开始面临和身边邻居的博弈。在动态演化的初始步骤中，博弈收益受收益矩阵以及博弈邻居的影响。收益矩阵如表5-8所示。

表5-8　收益矩阵

	功利型	理想型
功利型	(2.2, 2.2)	(4.0, 1.5)
理想型	(1.5, 4.0)	(3.4, 3.4)

由收益矩阵可知，如果理想型青年教师的邻居也是理想型青年教师，那么他们在进行博弈时，各自资源控制能力（resource-holding power，RHP）都是3.4，且学术总贡献是6.8；如果理想型青年教师的邻居是功利型青年教师，那么他的资源控制力是1.5，功利型青年教师的资源控制力是4.0，他们的学术总贡献是5.5，功利型青年教师所获取的学术资源远高于理想型青年教师；如果功利型青年教师的邻居是功利型青年教师，他们的资源控制力一样，都是2.2，学术总贡献是4.4。由收益矩阵分析可知，对于学术社会总体而言，学术总贡献最高的学术社会是理想型青年教师与理想型青年教师的组合，学术总贡献最低的学术社会是功利型青年教师与功利型青年教师的组合。然而，对于学术社会的个体而言，如果个体是功利型青年教师，只要他保持功利型，无论与谁做邻居，都会获取不低于邻居的学术资源控制力；如果个体是理想型青年教师，只要他保持理想型，无论与谁做邻居，最多只能获取跟邻居同样的学术资源控制力，并且还会在很大概率上远远低于邻居。对任何一个理性个体而言，无论怎样考虑帕累托最优，都会努力转型为功利型青年教师，以避免在与邻居的博弈中丧失学术资源控制力，这就是个体理性与集体理性博弈的困境。

5.4.2　学习

动态演化博弈从来不是一蹴而就的，而是重复博弈形成的。青年教师入校时是纯粹的理想型教师，因此其初始策略是追求真理，他在学术社会中的学术邻居（同领域教师）会采取什么策略是他所未知的。在学术社会化的首轮博弈中，他会学习到邻居使用的策略。不同的青年教师在认知、加工、处理环境信息时所需要的刺激强度和刺激频率有差异，无论以怎样的周期，青年教师最终都会学习到邻居在学术社会中获取有效学术资源的方法，这为下一步的策略转化埋下了伏笔。

学习也分为主动学习和被动学习两种。主动学习是指个体在进行了首轮博弈后，意识到改变策略的必要性，然后主动收集最佳适应策略充实自身策略库以应对下一轮博弈。被动学习是指个体数次博弈收益不利后在有限理性的前提下，不得不总结博弈策略的方式以应对残酷的生存压力。青年教师在学术社会化过程中也分为主动学习和被动学习两类。主动学习者能够快速准确地把握周边学术环境，获取优秀同事、同行的高收益策略，从而提高自己与邻居博弈过程中的收益。被动学习者是在感受到生存压力后，开始琢磨邻居的收益策略；也有少部分高校青年教师在多次与邻居博弈收益不利后，放弃向邻居学习。

5.4.3 策略转化

策略转换是演化博弈过程中尤其核心的步骤，是"演化"能否实现的关键所在。高校青年教师参与学术社会化博弈，选择邻居进行主动或被动的学习，学习后是否有成效、能否适应学术生存环境、能否在下一轮博弈中获取收益，在于其是否进行策略转化及如何进行策略转化。由于演化博弈的前提是"有限理性"的高校青年教师，因此以下策略转换代表了每个参与博弈的有限理性个体力图追求更多利益或使自己处于更加有利的境地的动机。

收益比较规则是高校青年教师在群体中挑选邻居进行博弈时，如果自身的学术收益比邻居的学术收益低，则采取邻居的策略作为下一轮博弈的策略；如果自身的学术收益比邻居的学术收益高，则在下一轮博弈中保持原有策略不变。以上是随机配对邻居时的策略转化规则，而事实上高校青年教师为实现策略的快速学习，也可以直接选择邻居中适应度最高的个体进行比较，以其策略作为自身下一轮博弈的策略。

大多数规则反映了有限理性个体的从众心理，符合很多实际问题的场景。在收益比较规则中，个体会理性地选择适应度较高的策略作为学习的策略，但是部分高校青年教师采用"大多数规则"，不关注个体与邻居的收益多少，而是以大多数个体所采取的策略为学习对象，充分信任大多数个体的智慧和判断力。因为青年教师进入高校，经过学术社会化初期阶段后，会把大多数人的学术策略作为正确的策略来采纳。这种博弈演化容易造成群体盲从，其过程容易受到初始策略比例分布的影响。

在策略转化的步骤中，有限理性在青年教师中的表现有很多差异。一是收益判断标准的差异，二是学习力的差异。收益判断标准的差异会导致学习策略转换的巨大差异。同样地，青年教师与同样的邻居进行博弈，个体价值观中所看重的收益是什么？是金钱、名誉还是利益，是短期利益、中期利益还是长期利益？价值观的差异会导致收益判断标准的差异，从而出现不同的收益比较结论以及后续的策略转换取舍。学习力的差异也影响策略转化的进度。有些高校青年教师感知水平、归纳提炼水平以及行动力的程度不一样，会导致其在进行策略转化环节进度不一样，需要第二次、第三次甚至第 N 次的博弈后，才能做出策略转化的决策并采取行动。

5.4.4　传承

演化博弈中的合作行为是一个稳定的结果，其存在的基础是个体能够成功地把更多的个性传递给其后代而不是他人，这种传承的机制包括下列三种：生物遗传、学习和文化遗传①。第一种传承方式是生物遗传，在高校学术生态系统中使用的周期很长，即在高校中学术前辈把自己的学术心得通过基因传递给学术子孙。第二种传承方式是学习，即高校青年教师的学习内容可以来自实践经验（直接经验），也可以来自头脑想象（间接经验），一旦有效策略建立起来，每一位高校青年教师经过有效学习后都会采取这种策略，于是任何一个采取其他策略的个体都将无利可图，此即演化博弈中学习的功能及最终的演化平衡。第三种传承方式是文化遗传，即个体的行为是通过学习或模仿他人而获得。高校青年教师总是倾向于从身边成功的良师益友那里复制行为，这种由文化遗传所导致的行为模式传播包括满足演化稳定判断标准的合作行为（Feldman & Cavalli-Sforza，1976；Lumsden & Wilson，1981）。在文化遗传中，横向传递和纵向传递都在发生。纵向传递主要指代际信息传递，比如一个师门里师生间的信息传递，或者一个学术团队里学术前辈与后辈之间的信息传递；横向传递主要指某个专业领域中、某个学校或学院中、某个学会中的信息传递。

演化博弈的学习机制主要表现为邻居选取和博弈策略的转化两方面。其中，邻居是博弈选取的对象，学习是演化博弈的起因或动力，策略转化是学习后的行为调整，演化是最后博弈的最终结果，传承是演化博弈的后续效果（见图 5-2）。

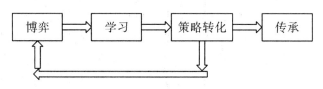

图 5-2　演化博弈机制

---

① 乔根·W. 威布尔. 演化博弈论［M］. 王永钦，译. 上海：上海人民出版社，2015：178-179.

6 路径优化策略与政策建议

6.1 路径优化策略

6.1.1 消极路径优化与积极路径优化的阶段区分

塞亚·柏林在《自由论》中给出了两种自由的概念：消极自由和积极自由。消极自由是从"negative"的角度，即否定、消极、负面的角度界定自由，是"免除"或"摆脱"（free from）某种障碍或干涉。积极自由是以"positive"的方式，以肯定、积极或正面的方式理解自由，是"得以"（free to）实现或达成某种可欲可求的目标或状态。同时，柏林说，自由概念的本质，无论在其积极意义还是消极意义上，都是"抵挡"（holding off）某物或某人——抵挡试图闯入自己的领地或对自己施加权威的人，或者幻想、恐惧、焦虑、非理性之类的力量的入侵。

根据高校青年教师学术取向演化博弈平衡图（见图6-1），借用"两种自由"的"消极"和"积极"的概念，将高校青年教师学术取向的路径优化分为两个阶段。

第一个阶段是从A到B。这一阶段路径优化的目标是降低青年教师群体中功利型教师的比例，或者降低青年教师个体学术功利思想的程度，克服功利型博弈平衡的收敛引力，力争达到理想型青年教师与功利型青年教师均衡共处的纳什均衡状态。由于这一阶段一直是"克服"某种负向收敛到完全功利型的趋势，是免除（free from）消极影响，因此被命名为消极路径优化阶段。

第二个阶段是从B到C。在已经达到非精炼纳什均衡的情况下，这一阶段路径优化的目标是增加理想型青年教师的比例，获得理想型学术取向的变异入侵，推动演化博弈朝向理想型青年教师比例更高、社会收益更高的路径收敛方向发展。由于这一阶段是建设一种朝向正向收敛到完全理想型教师的趋势，是

"得以实现"（free to）积极目标，因此被称为积极路径优化阶段。

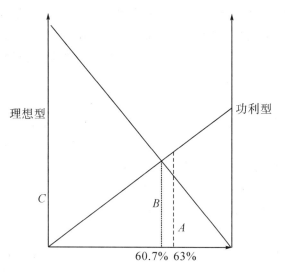

图 6-1　高校青年教师学术取向演化博弈平衡图

6.1.2　消极路径优化策略：控制负向收敛的演化均衡

如前所述，消极路径优化阶段的主要目标是控制无效均衡的产生，控制功利型博弈平衡自发演进的收敛引力，力争达到理想型青年教师与功利型青年教师均衡共处的有效纳什均衡状态。"控制""克服"完全功利型教师的趋势，其特点是矫正，而无论对于个体还是对于群体、组织、社会，要实现对不良行为的矫正，惩罚是必不可少的，然后才是建设，即 P-P 模式（Punish 和 Push 的结合）。

6.1.2.1　P-P 模式之"Punish"：移除坏邻居

前已述及，由量化研究结果可知，学术风气越差的高校对青年教师的学术影响力就越大，因此在消极路径优化阶段，"治理"显得尤为重要，减少主要负向力量，重点治理学术风气差的高校是这个阶段的主要策略。

在人类历史上，对法律法规惩罚正当性的证明存在两种观点：一种是报应主义，主张伸张正义和惩治犯罪；另一种是功利主义，主张社会利益最大化。柏拉图曾经指出，在惩罚行为不当者的时候，除非像野兽一样盲目复仇，人们并不关心这个行为不当者过去所犯的错误，或者依据其过去所犯错误对其施加惩罚。一个理性的人不能根据行为不当者过去所犯罪行来施加惩罚，毕竟覆水难收，他所要考虑的是未来，如何防止行为不当者再次犯罪，或者通过施加惩罚，防止其他人犯同样的错误。

依据功利主义惩罚原则治理学术功利思想，主张在治理学术功利思想的过程中要遵循惩罚的功利主义原则，即通过惩罚来改造个体或保护学术生态不被功利个体所破坏，从而避免更多的功利学术行为，同时也使其他人因惧怕受到责罚而不敢再采取功利的学术行为。

6.1.2.2 P-P 模式之 "Push"：培育好邻居

在消极路径优化阶段，P-P 模式是指一方面要对高校青年教师中不良的功利学术作风进行治理和惩罚，另一方面也要努力推进以学术为志业的理想型学术作风，在高校树立学术志业榜样。其具体的路径是遵循演化博弈理论中的文化遗传。这种文化遗传分为纵向和横向两种：纵向文化遗传是指学术圈中年龄较长或职称较高者对年纪较小者或职称较低者的言传身教，横向文化遗传是青年教师朋辈交往时互相产生的学术影响。

纵向文化遗传维度上培育好邻居主要是依据老、中、青不同年龄教师之间的学习机制而为青年教师树立代际学习榜样。纵向文化遗传分为直接遗传和间接遗传两种。学术文化的纵向直接遗传以师生相传，学术平台里的老、中、青代际传递为主，注重言传身教和潜移默化，由青年学者的视觉、听觉、触觉等从学术生活实践的直接经验中感知。学术文化的纵向间接遗传以各类媒体的传播、学术同仁之间的言语传播为主，以转载转发和口口相传为主要特征，由青年学者从其他学者学术生活的间接经验中感知。纵向文化遗传维度上培育好邻居的做法在于从直接和间接两个层面为青年教师树立好的示范榜样，其优势在于代际好邻居能够引发积极的学习行为。

以横向文化浸润培养好邻居主要是朋辈教师之间的互相学习机制，也分为直接和间接两种。直接横向文化浸润是指青年学者在跟同辈青年的直接交往过程中感受他们的学术精神和学术气质，间接横向文化浸润是指青年教师通过阅读其他同辈的学术作品或通过他人了解到的同辈人如何进行艰苦卓绝的学术活动而厚积薄发，从而学习同辈的学术行为（文化遗传的具体路径如表 6-1 所示）。

表 6-1　文化遗传的具体路径

	直接	间接
纵向文化遗传	直接纵向文化遗传	间接纵向文化遗传
横向文化浸润	直接横向文化浸润	间接横向文化浸润

6.1.3　积极路径优化策略：引导从惯例到规范的演化

消极路径优化 P-P 模式通过惩罚的方式移除坏邻居，通过推进的方式培养好邻居，这使得图 6-1 中 A 到 B 这一阶段的消极现状得到改善，控制负向收敛导致的无效均衡。积极路径优化策略所对应的从 B 到 C 这一阶段继续将青年教师的学术取向从寻常惯例向更规范、更优化的方向推进。这个阶段应着重激发青年教师的学术内驱力和学术幸福感。

6.1.3.1　以学术志业为内驱力

美国心理学家奥苏贝尔（Ausubel）认为，成就动机由认知驱动力、自我增强驱动力和附属驱动力三部分组成。该理论最初用于学生的学习过程中，对青年教师学术生活中的动机也有一定的适用性。认知驱动力来自青年教师求知的需要，他们渴望掌握学术领域的新知识，攻克具有挑战的难题，满足原始的追求真理的好奇心。在学术上取得的地位高低决定了青年教师社会地位的高低。自我增强驱动力来自青年教师期待通过自身努力获得一定的社会成就、赢得一定的社会地位。附属驱动力在于为了获得长者或权威人士的赞许和认可而努力把学术研究做好。这三种驱动力按照驱动力的目标指向，可以分为内部驱动力和外部驱动力，前者是指驱动力主要集中在对自身内部求知欲的满足上，后者主要集中在对外部名声、利益和他人认可的追求上或避免压力上。学海无涯，对知识的追寻可以让青年学者保持持续求知欲，而外部名利的物质刺激从量和质上都不可能长久。从量上来看，外部物质刺激多来自科研管理政策的制定，这种物质上的刺激注定择优而奖；从质而言，由于感觉的适应作用，外部物质刺激对于个体的效力边际效应递减。

因此，单一的评价标准使现行的只激励少数精英的奖励制度弊端凸显，全员激励机制呈现出应有的优势。每一位高校教师都有自己的长处，或者是在教学方面，或者是在科研方面，或者是在教学管理方面。用一个标准——科研来衡量所有的高校教师，只能产生极少数优秀者，这部分人会因为能够达到绩效目标而产生优势体验的期望，进而产生努力工作的外部动机；其他的教师就是制度文本下的"不优秀者"，他们无望达到目标，无法产生优势体验的期望，努力动机较弱。如果是从不同的角度采用多元的标准来衡量的话，每一位教师身上的独到之处都会被发现，每位教师都会因为自己的特长符合某一方面的评价标准而对未来业绩产生期望，从而产生奋发图强的动机。这就是评价中单一标准与多元标准的区别。

另外，过分充足理由效应（overjustification effect）的影响应得到充分重视。奖励是非常有用的激励因素，每次行为发生时给予一次奖励，会增加行为发生的频率，无论是老鼠推动杠杆获得食物，还是孩子阅读获得免费披萨。奖励可以改变行为。然而，人毕竟与动物不一样，人有自我概念。"从科研中获取奖励"这种外部奖励计划的危险在于青年学者最初认为科研是一件很有意义的事情，奖励之后他们会觉得科研是为了职称和奖励，一旦奖励停止，青年学者会比有奖励激励时投入的科研精力少，此为过分充足理由效应（overjustification effect）。在外部奖励的作用下，青年教师认为自己的行为是由难以抗拒的外在原因所引起的，使得他们低估了内在原因引发该行为的可能性。外部奖励会损坏内部动机，青年教师之前是因为喜欢做学术研究而进行学术研究，现在是为了奖励或职称压力而进行学术研究，其结果是外部动机会替代内部动机，使青年教师失去原有的对于学术活动的兴趣。

如何才能保护内在学术动机免受社会奖赏制度的破坏呢？首先，过分充足理由效应只在高校青年教师起初兴趣很高时才会破坏内在兴趣，即当青年学者起初本真的学术兴趣特别浓厚时，特别容易受到外部奖赏制度的损耗，而这部分具备极其浓厚的学术初心的青年学者是创新驱动发展的储备人才，具备推动人类历史车轮前进的潜质。因此，青年学者初始的探求真理的本真学术兴趣应得到保护，以免受外部奖励机制的损害。其次，不同类型的物质奖励会造成不同的结果。以任务为条件的奖励（task-contingent rewards），即根据是否执行任务而非表现好坏所给予的奖励的行为跟从，会带来只需要完成任务即可获得奖励的行为跟从，从而破坏内部动机。因此，以论文篇数和项目数量为指标的外部奖励机制，只会破坏青年教师最初的学术兴趣。而以表现为条件的奖励（performance-contingent rewards），是只有做得好的时候才能拿到高分，这一类型的奖励不大可能减少内部动机，甚至可能会使之提高。因此，不以数量为依据的代表作制度是青年教师职称评定和科研考核的合理方式，既能营造竞争氛围，又能很好地保护甚至一定程度上激发青年教师的内部学术动机。

高等学校应该学会克服精英奖励机制和过分充足理由效应的弊端，对教师们实施有效激励。在 P-P 模式的积极路径优化阶段，各个高校和各级教育管理机构最主要的做法应当集中在激发青年学者学术内驱力——以学术为志业，追求真理，这是可持续的学术驱动力。另外，定量数据显示，入职前三年是青年教师最有学术激情的阶段，各高校人事部门应该重视对学术激情关键期中青年教师的学术激励和引导，工作 10~20 年是最容易产生职业倦怠的时期，各高校人事部门要注意唤醒这个工龄阶段青年教师的学术志向。

6.1.3.2　在学术社会化过程中追求学术心流体验

米哈里·契克森米哈赖在《心流——最优体验心理学》这本书中用实证

数据告诉我们，人们感觉最幸福的时刻往往不是获取巨大成功的时刻，而是完全沉浸在一个事件中达到忘我状态的心流体验。学术研究，尤其是基础理论研究需要若干年的积沙成塔，甚至会出现积了多年的沙也成不了最后的塔的情况。不是每个假设都会被证实，不是每个实验都会成功，不是每一个问题都能找到对应的解决方案……那么支撑学者们孜孜不倦地探索的动力到底是什么呢？就是完全沉浸在学术探索活动中的忘我心流体验。

米哈里还说，"求生，尤其是在一个复杂的社会中求生，绝对有必要为实现外在目标暂时牺牲一时的满足，但不必因此而成为傀儡。最好的办法是不以社会的奖赏为念，试着以自己所能控制的奖赏取而代之。但这并不代表我们必须完全放弃社会认可的每一项目标；相反，我们要在别人用以利诱我们的目标之外，另行建立一套自己的目标。"① 社会制度利用人的生理和心理的需求，让人不知不觉地陷入对政策奖励的垂涎和对政策惩罚的惧怕，从而不断地追求政策的奖励，按照政策规定的方向去行动，避免被惩罚。学术社会化是必须的，但是青年教师必须摆脱制度的外部制约，让内在心流体验成为学术生活的最主要的奖励。这样青年教师就不必为政策中遥不可及的目标和求而不得的奖赏受尽"折磨"，也不必在政策目标达成后迅速陷入目标虚无状态。在积极路径优化阶段，高校要引导青年教师专注于自己学术领域各类问题的解决，沉浸于问题解决过程的快乐中，使青年教师不要过于功利地追求取得学术成就后所带来的功名利禄。唯有如此，青年教师方能在探寻高深学问的道路上持续深入。

6.1.3.3　保障青年教师学术时间和锻炼时间

任何目标的达成都需要量变引起质变，学术工作尤其如此，需要投入大量的时间和精力。因此，高校非常有必要保障青年教师的学术工作时间。学术工作时间的保障可以从两方面着手：一是教学科研时间比的适当倾斜。由于青年教师的教学经验有限，大量新课备课对于青年教师而言是沉重的教学任务，高校应安排与其教学经验、教学能力相匹配的教学任务。二是校内学术工作环境的保障，营造温馨舒适的学术办公环境，让青年教师有场所进行资料查阅、研究设计、团队讨论等。近年来，青年教师因为压力大、劳动强度高以及劳累过度而生病甚至死亡的例子偶有发生。身体是革命的本钱，这个道理可谓人人皆懂但少有人在年轻时在意。高校青年教师每周的工作时间较长，71.2%的高校

---

① 米哈里·契克森米哈赖. 心流：最优体验心理学 [M]. 张定绮, 译. 北京：中信出版社, 2017：84.

青年教师每天投入学术、科研的工作时间是3小时以内，接近15%的高校青年教师在工作日中分配给科研工作的时间是4~6小时，6.8%的青年教师每天有10小时以上的时间投入在科研工作中。青年教师中每周进行体育锻炼的时间较少，32.4%的青年教师完全没有体育锻炼，目前已经觉察到自己身体不健康的高校青年教师占比为21%。因此，为了保持青年教师能够持续地产出创新性成果，教育管理部门应该有意识地营造健康管理氛围，保障青年教师的身心健康状态，使其为学术产出积蓄身体资本。

6.1.3.4　为青年教师搭建学术平台

思想的碰撞和交流，最容易产生"1+1>2"的非线性涌现式智慧火花。学术平台是影响青年教师学术产出和学术研究积极性的重要因素之一。青年教师作为脑力和体力均比较旺盛的学术群体，是创造性学术成果的重要来源，搭建学术平台为青年教师的脑力集合和优势互补提供了机会，有利于青年教师之间进行研究领域的跨界融合、研究思路的启发和研究方法的切磋，有利于青年教师向前辈学习，有利于青年教师在已有研究的基础上进行学术推进。

有组织的朋辈交流平台。高校青年教师群体有一个较为普遍的特征——"宅"，他们要么宅在实验室，要么宅在办公室，要么宅在家里，除了部门集中的时候，各二级单位之间的教师们基本没有公务交往，更不用说不同学院和部门之间的青年学者。因此，高校科研管理部门应搭建有组织的朋辈交流平台，定期举办学术沙龙，促进青年学者之间的学术交流和互动，发挥直接横向文化浸润作用。

有计划的技能学习平台。学习是终身的话题，青年教师已经接受了非常完备的学术培训，然而时代的步伐在前进，各类新思想新方法新理念层出不穷，因此科研管理部门应该搭建有计划的技能学习平台，为青年学者提供继续学习的资讯和机会，为其可持续发展助力。

有针对性的帮扶指导平台。普遍而言，青年学者比较缺乏的是经验，无论是在各类基金课题的申报方面，还是各类学术论文的精进方面，都需要前辈的帮扶指导，因此科研管理部门可以有针对性地搭建帮扶指导平台，主动为青年教师安排优质代际好邻居，发挥直接纵向文化浸润作用。

6.1.3.5　为多年未晋升职称的青年教师提供人文关怀

部分青年教师因为自身原因或学术产出周期的原因在较长时间里未能顺利晋升下一级职称，这势必会给青年教师带来挫败感，部分遭受挫败感的青年教师可以进行自我心理修复。对于挫败感深重的青年教师，科研管理部门和青年教师所在学院应及时提供人文关怀，询问其在职称晋升过程中遇到的具体困难，并力所能及地为其提供建议、帮助或安慰。科研管理部门，尤其是高校的二级学院，不应该只重视科研考核，而忽略青年教师的学术精神生活，对于部分有自暴自弃倾向的青年教师不能不管不问，应该及时提供人文关怀，为其在学术追求的道路上排除心理障碍。

学术是一个循序渐进的过程，提出问题、分析问题、解决问题等各个环节的系统学术训练对于促进青年教师的进步是必不可少的，因此各高校教育管理部门应该鼓励青年教师进行学历提升教育和其他继续教育，接受专业的学术训练和跨界融合的思想碰撞。

6.2 对策建议

6.2.1 政策制定：兼顾追求真理和现实诉求

学术的本真状态是追求真理，是对未知世界好奇心的满足。给学者学术自主权力和学术自由权力带来挑战的力量来自两个方面：一是同行认可权力，它体现了学术的组织化特征，以学者共同遵从的学术规范和专业伦理为载体；二是来自行政权力，即政府、大学中的行政部门等通过体制化的方式对学术个体构成外部的规则性制约。

职称政策是外部行政权力对学术权力进行制约的规则系统，职称政策的变迁则是外部行政权力根据不同发展阶段的现实诉求对规则系统的调整。外部权力掌握在行政人员、顾问、委员会和技术官僚手中，他们扮演着政策制定与实施过程中的组织者角色，同时他们把一部分权力转让给由学术权威组成的专家群体，由此形成伯顿·克拉克所提出的学术、政府、市场"三角形协调模式"。

任何制度的变革和政策的变迁都是政府、行政人员、专家、学者等利益相关方博弈的结果。职称政策的文本规则中有国家当前创新驱动发展的要求，有地方政府经济发展、人才引进与平台建设的要求，也有各高校的排名和资源配置份额的诉求。相关部门明确规定，鼓励高校在教育行政管理部门的要求下根据学校自身情况适当提高职称评定的条件。高校有提升排名、扩大生源和从政府获取更多资源的压力，而这一切都需要靠量化的指标来衡量，因此行政管理人员依据这种评价指标体系在高校内部消化——实行量化的科层制管理方式。其中，越来越被看中的就是在高级别的期刊上发表论文的数量，而核心期刊的数量和版面是有限的。鱼目混珠之下，学术成果的内容甚至已不重要，学术成果所发表的期刊的级别决定这篇论文能给高校教师的职称评定、科研奖励等带来多少的好处。这种情况阻碍了学者探求真理的脚步，延缓了人类文明的积累。

另外，对于在高校工作的教师而言，具备学者的资格和成为一位好老师，两者条件并不全然吻合。教学是门艺术，与个人的天赋相关，而学者素质却是不可测量的。如果某位教授是学术界数一数二的学者，由于课堂讲授的平淡给他贴上"糟糕老师"的标签无疑是宣布他学术生命的死亡；如果某位老师是备受学生爱戴的讲师，由于科研不合格给他贴上"考评不合格"的标签，则无疑是对他教学热情的打击。

因此，职称政策制定方必须要兼顾现实环境中由各种诉求而导致的必要牵引和永恒的追求真理的本真学术取向，并厘清各利益相关方在学术上的定位，让学者为了纯粹求知而开展学术研究，让教师因为知识的有效传播而获得相应的待遇，让行政管理人员因为优质的服务而获得职位的晋升。

6.2.2 政策理解：避免价值与意义的分离

职称政策的制定来自顶层设计，必须要兼顾引导追求真理的永恒学术取向和对现实问题进行纠偏两大功能。然而，政策制定后对政策的理解若出现偏差，违背政策制定方的初衷，也将对政策引导的方向带来偏差。

组织或个体基于原有的知识经验建构对职称政策进行理解，分为价值层次和意义层次两个理解层次。价值是构成高校教师幸福生活的前提和基础。从价值层次来看，经济社会、政治社会和文化社会发展至今，职称政策纵然有诸多不足，但无疑在经过时代选择后逐渐走向完备的形态。然而意义才是高校教师生活本身的终极目的，从意义的层次审视，职称政策由于其工具理性又是存在问题的。高校教师既需要价值，又需要将价值提升为意义。

学术研究有意义吗？答案是肯定的。人类社会的进步需要知识的推进，国家的发展需要创新的驱动，青年学生的成长发展需要文明的洗礼。学术研究有价值吗？答案更是毋庸置疑。高校教师的世俗生活世界更需要学术研究，发论文、申报课题、评职称、涨薪资。高校教师的世俗生活世界是琐碎而朴实的，由职称评定这个核心要务所带来的价值判断，已经与传统象牙塔中的神圣意义渐行渐远，由职称评定带来的价值与意义的分离成为职称政策的现代性难题。实行职称政策以来，高校知识分子中高级职称的总量以及与之对应的薪酬福利待遇的数量、质量和活动空间都大大提高，他们理应过上一种追求真善美和更有意义的生活。但现实境遇却是高校教师的幸福指数并未随职称的逐步提高、论义的发表和项目的申报积累而提高。中国家庭金融调查研究中心数据显示，从整体来看，幸福指数最高的是小学毕业生，达到133.3，博士学位人群的幸福指数最低，仅为121.0，甚至低于文盲的130.2。学历程度更高的人更不幸福，居民教育水平的提高并未创造出更高的幸福感。以上数据揭示了两方面的事实：一是知识水平较高的高校教师群体整体幸福指数不高，二是高校教师教出来的学生——本科毕业生、硕士毕业生、博士毕业生，幸福指数不高。因此，我们有必要借用价值与意义的概念，在现代性语境下对职称政策和学术取向这些公共性问题进行哲学思考。

意义本质上是行动和过程，是某种信仰、信念和信任。学术的意义构成了学术生活的根基和学术信仰的支点。在职称政策和学术取向的语境中，困扰高校教师的不是价值问题，因为他们对职称与学术的规则是什么甚为明晰。问题是由于迷失而导致的无意义感，是痛苦的体验，是信仰、理念和生活意义无法实现甚至严重缺失而产生的苦恼，是意义层面的难题。高校教师的学术生活目标本应是追求真知，本该拥有丰富的研究对象和多元的呈现方法，无奈外部政策及其传达的工具理性信息已对广大知识分子的精神世界提出了严峻的挑战，意义世界的通道被堵塞，学术意义的缺失就在所难免。很多高校教师在理解当前职称政策作为学术生活的价值时，无力回答学术的意义这个难题。

有这样一种纠结的逻辑引人思考：生活实践是一个通过享用价值物而生成意义的过程，以追求快乐和幸福为终极目的，生产实践则是一个通过生产价值物而创造价值的过程，以追求庞大的商品堆积为目的——生产实践的逻辑与生活实践的逻辑刚好相反，导致以追求价值为目的的生产实践与以追求意义为目标的生活实践严重分离。这就是当前高校教师价值与意义的分离现状：生活实践的逻辑是高校教师为了追求幸福快乐且有意义的生活，但这种幸福生活又不能脱离生产实践——学术产出，学术产出就要追求庞大数量和较高质量的学术论文的发表和科研项目的审批。外部职称政策将高校教师的学术生活的价值和意义逐渐分离。因此，政策执行方和政策受众方在解读、理解职称政策时，要胸怀在生产实践中进行生活实践的志业，既立志获得量多质高的学术产出，又能宁静安定地享受在追求真理的过程中的学术幸福感，克服急功近利，避免价值与意义的分离。

6.2.3 政策执行：有理可循，有法可依

法律是公共生活的最高准则，《中华人民共和国高等教育法》《中华人民共和国教育法》《中华人民共和国教师法》等法律法规虽然为高校职称政策的

执行提供了基本的法律保障，但明显存在不足：权力保障的内容较少、程序规范少、具体操作困难、可诉性弱①。职称政策的执行必须纳入法治化轨道，既有理可循，又有法可依。

首先，中国公立高校的办学资金大多来源于国家财政拨款，其校级行政领导由政府任命，高等教育活动具有公共品属性。因此，高校行为具有民事行为和具体行政行为两种性质，当高校教师因为职称政策的执行发生纠纷时，可以根据情况通过法律方式进行审查和裁定。

另外，当前中国高等教育的市场竞争机制尚不完善，某些行政权力在职称政策执行的过程中缺乏自律和他律机制，可能会出现主观自利倾向和过度干预学术倾向。

同时，由于职称政策与教师的薪资、晋升、聘任等各种利益都相关，学术群体内部的社会资本运作可能会给职称政策执行带来现实的阻力。教师作为相对弱势的群体，如果在职称政策执行中发生纠纷，应该有寻求权益保障的渠道。因此，职称政策的执行要加强权益保障的法治化建设，为高校教师提供法治保障和法律救济。

受教育体制的影响，依法管理还未成为高等学校自觉自律的行为，在职称政策执行过程中，个别不良现象仍然存在。因此，在新时期运用法律手段对高校教师职称工作进行指导和监督非常重要，国家应当从法律的角度对高校职称政策的制定过程、执行过程做出普遍性要求，使全国范围内高校教师的职称工作合理、合法。同时，现代大学法治应通过法律规范严惩违规行为，确保职称工作的公正性，减少职称政策变迁过程中可能产生的机会主义，从而保障高校教师的合法权益，确保学术标准的严肃性，保证学术健康发展。

6.3 结语

当前社科领域提出的理论一般被划分为两类：普适性理论和特殊性理论。前者探讨过程背后的普遍机制，后者致力于解释具体事件，演化博弈论即属于后者——特殊性理论。在演化博弈中，演化是一个历史的过程，这一特征导致在构建和检验与此相关的理论模型时会有一些不可克服的特殊困难。博弈论研究特定遗传特征演化的自然选择力量，并假定演化是由于种群内部的自然选择

---

① 程雁雪. 必须重视和加强中国高等教育立法 [J]. 高等教育研究，2000（2）：49-52.

决定的。正因为如此，演化博弈论不可能达到科学检验的标准——"可证伪性"，因为不可能操纵演化过程中的一个因素，让它发生改变，之后让历史重演以检验结果是否发生相应的变化以及变化是否显著。

然而，有学者在审视生物种群学理论时指出，一味地拘泥于科学标准的可证伪性可能会犯错误：有时候演化过程中的一些复杂的方程模型几乎无法被证伪，但是又存在明显错误；有时候一些简单的模型不能被检验却具有某种启发意义。于是这些简单模型就存在一个悖论，它们不能被检验却具有某种启发意义。当这些模型运用于现实世界时，可被检验性又成为一个无法实现的要求。将演化博弈理论运用于高校青年教师学术生态的演化过程，也存在着这样的悖论，它的动态演化博弈模型极具启发性，然而只能模拟，无法检验。

另外，就演化博弈理论本身而言，在典型的演化博弈中，支付权衡只存在于竞争的双方，资源本身是价值中立的，不随博弈竞争主体的变化而变化。然而，在青年教师学术生态中，理想型教师和功利型教师之间的博弈，所争夺的学术资源（如课题、论文等）本身也存在价值的选择，即在生存发展层面，支付矩阵所代表的学术资源对于理想型教师和功利型教师的重要性是不一样的。这让演化博弈由单向一阶演化博弈升级为双向多阶演化博弈，本书中采用的经典生物演化博弈模型未能进一步涉及这些复杂问题，笔者下一步计划用 NetLogo 进行建模仿真，模拟微观个体的行为、宏观模式的涌现以及复杂系统如何随时间发展而演化来完善对该问题的研究。

参考文献

一、中文图书

[1] 雅斯贝尔斯. 什么是教育 [M]. 邹进, 译. 北京: 生活·读书·新知三联书店, 1991.

[2] 布鲁贝克. 高等教育哲学 [M]. 王承绪, 等译. 杭州: 浙江教育出版社, 1987.

[3] 伯顿·克拉克. 高等教育新论: 多学科的研究 [M]. 王承绪, 译. 杭州: 浙江教育出版社, 2001.

[4] 罗纳德·巴尼特. 高等教育理念 [M]. 蓝劲松, 译. 北京: 北京大学出版社, 2012.

[5] 科伯. 高等教育市场化的底线 [M]. 晓征, 译. 北京: 北京大学出版社, 2008.

[6] 布瑞德利. 哈佛的规则: 捍卫大学之魂 [M]. 梁志坚, 译. 北京: 北京大学出版社, 2009.

[7] 杰勒德·德兰迪. 知识社会中的大学 [M]. 黄建如, 译. 北京: 北京大学出版社, 2010

[8] 罗素. 西方哲学史 [M]. 何兆武, 马元德, 译. 北京: 商务印书馆, 1976.

[9] 约翰·范德格拉夫, 等. 学术权力 [M]. 王承绪, 等译. 杭州: 浙江教育出版社, 2001.

[10] 马克斯·韦伯. 学术与政治 [M]. 革和, 冯克利, 译. 北京: 生活·读书·新知三联书店, 2013.

[11] P. 布尔迪约. 再生产 [M]. 邢克超, 译. 北京: 商务印书馆, 2002.

［12］拉斯达尔.中世纪的欧洲大学：在上帝与尘世之间［M］.崔延强，邓磊，译.重庆：重庆大学出版社，2011.

［13］丹尼斯·麦克伦尼.简单的逻辑学［M］.赵明燕，译.太原：山西教育出版社，2011.

［14］Donald J. Treiman.量化数据分析：通过社会研究检验想法［M］.任强，译.北京：社会科学文献出版社，2012.

［15］谢宇.社会学方法与定量研究［M］.北京：社会科学文献出版社，2012.

［16］葛道凯.教育数据挖掘方法与应用［M］.北京：教育科学出版社，2012.

［17］叶芬梅.当代中国高校教师职称制度改革研究［M］.北京：中国社会科学出版社，2009.

［18］赫伯特·J.鲁宾，艾琳·S.鲁宾.质性访谈方法：聆听与提问的艺术［M］.卢晖临，连佳佳，李丁，译.重庆：重庆大学出版社，2010.

［19］张红霞.教育科学研究方法［M］.北京：教育科学出版社，2009.

［20］大卫·西尔弗曼.如何做质性研究［M］.李雪，等译.重庆：重庆大学出版社，2009.

［21］伍威·弗里克.质性研究导引［M］.孙进，译.重庆：重庆大学出版社，2011.

［22］褚启宏.教育现代性的路径：现代教育导论［M］.北京：教育科学出版社，2013.

［23］劳伦斯·E.卡洪.现代性的困境：哲学、文化和反文化［M］.王志宏，译.北京：商务印书馆，2008.

［24］安东尼·吉登斯.现代性的后果［M］.田禾，译.南京：译林出版社，2011.

［25］吴全华.教育现代性的合理性［M］.广州：广东人民出版社，2009.

［26］朴雪涛.现代性与大学：社会转型期中国大学制度的变迁［M］.北京：人民出版社，2012.

［27］人力资源和社会保障部专业技术人员管理司.职称工作实用政策文件汇编［M］.北京：中国人事出版社，2009.

［28］亚伯拉罕·弗莱克斯纳.现代大学论：美英德大学研究［M］徐辉，陈晓菲，译.杭州：浙江教育出版社，2001.

［29］卡尔·雅斯贝斯. 时代的精神状况 ［M］. 上海：上海译文出版社，1997.

［30］J.D.贝尔纳. 科学的社会功能 ［M］. 陈体芳，译. 北京：商务印书馆，1985.

［31］乔金森. 参与观察法 ［M］. 龙筱红，张小山，译. 重庆：重庆大学出版社，2008.

［32］罗伯特·W.布什威. 高等院校科研管理 ［M］. 曲铭峰，译. 南京：江苏教育出版社，2010.

［33］伯顿·R.克拉克. 高等教育系统—学术组织的跨国研究 ［M］. 王承绪，等译. 杭州：浙江大学出版社，1994.

［34］德里克·博克. 走出象牙塔：现代大学的社会责任 ［M］. 徐小洲，陈军，译. 杭州：浙江教育出版社，2001.

［35］菲利普·G.阿特巴赫. 高等教育变革的国际趋势 ［M］. 蒋凯，等译. 北京：北京大学出版社，2009.

［36］托尼·比彻，保罗·特罗勒尔. 学术部落及其领地：知识探索与学科文化 ［M］. 唐跃勤，等译. 北京：北京大学出版社，2008.

［37］希拉·斯劳特，拉里·莱斯利. 学术资本主义：政治、政策和创业型大学 ［M］. 梁骑，黎丽，译. 北京：北京大学出版社，2008.

［38］劳伦斯·马奇，布伦达·麦克伊沃. 怎样做文献综述：六步走向成功 ［M］. 陈静，肖思汉，译. 上海：上海教育出版社，2011.

［39］汪洪涛. 制度经济学：制度及制度变迁性质解释 ［M］. 上海：复旦大学出版社，2009.

［40］李志锋. 学术职业与国际竞争力 ［M］. 武汉：华中科技大学出版社，2008.

［41］谢安邦，唐安国，戚业国. 中国高等教育研究新进展2002—2011 ［M］. 上海：华东师范大学出版社，2012.

［42］刘献君. 中国高校教师聘任制研究：基于学术职业管理的视角 ［M］. 北京：科学出版社，2009.

［43］张维迎. 大学的逻辑 ［M］. 北京：北京大学出版社，2005.

［44］张卓玉. 第二次教育革命是否可能：人本主义的回答 ［M］. 北京：商务印书馆，2009.

［45］张应强. 高等教育现代化的反思与建构 ［M］. 哈尔滨：黑龙江教育出版社，2000.

[46] 周光礼. 学术自由与社会干预 [M]. 武汉：华中科技大学出版社，2003.

[47] 别敦荣. 中美大学学术管理 [M]. 武汉：华中科技大学出版社，2000.

[48] 金耀基. 大学之理念 [M]. 北京：生活·读书·新知三联书店，2008.

[49] 王英杰. 美国高等教育的发展与改革 [M]. 北京：人民教育出版社，1993.

[50] 许纪霖. 回归公共空间 [M]. 南京：江苏人民出版社，2006.

[51] 石中英. 教育哲学导论 [M]. 北京：北京师范大学出版社，2002.

[52] 林荣日. 制度变迁中的权力博弈：以转型期中国高等教育制度为研究重点 [M]. 上海：复旦大学出版社，2007.

[53] 严强. 公共政策学 [M]. 北京：社会科学文献出版社，2008.

[54] 杨俊一，等. 制度学导论 [M]. 上海：上海大学出版社，2007.

[55] 王全林. 精神式微与复归："知识分子"视角下的大学教师研究 [M]. 南京：南京师范大学出版社，2006.

[56] 乔根·W. 威布尔. 演化博弈论 [M]. 王永钦，译. 上海：上海人民出版社，2015.

[57] 张耀峰. 社会系统演化博弈建模与仿真 [M]. 北京：科学出版社，2016.

[58] 黄希庭. 心理学导论 [M]. 北京：人民教育出版社，2001.

[59] 米哈里·契克森米哈赖. 心流：最优体验心理学 [M]. 张定绮，译. 北京：中信出版社，2017.

二、学位论文

[1] 杜海林. 我国高校教师职称评聘制度的历史沿革与对策研究 [D]. 厦门：厦门大学，2007.

[2] 肖兴安. 中国高校人事制度变迁研究 [D]. 武汉：华中科技大学，2012.

[3] 杨毅. 新中国高校教师聘任制度变迁研究 [D]. 重庆：西南大学，2013.

［4］孙福兵. 高校教师职称制度研究［D］. 济南：山东师范大学，2008.

［5］徐美华. 我国高校教师职称评聘制度沿革分析［D］. 苏州：苏州大学，2008.

［6］杨雪珍. 高校教师职称评定行为研究［D］. 苏州：苏州大学，2007.

［7］董宁. 我国高校教师职称评审现状调查与制度设计研究［D］. 扬州：扬州大学，2013.

［8］樊思. 高校教师职称评审代表作制度研究［D］. 武汉：湖北大学，2012.

［9］刘艳巧. 社会资本和知识吸收能力对团队绩效的影响［D］. 天津：河北工业大学，2012.

［10］许刚. 高校科研团队学术生态系统分析与优化［D］. 天津：河北工业大学，2012.

［11］赵丽梅. 面向知识创新的高校科研团队内部知识整合研究［D］. 哈尔滨：哈尔滨工业大学，2013.

［12］黄睿. 跨学科视野下我国高校体育科研创新能力研究［D］. 福州：福建师范大学，2013.

［13］陈浩. 基于理想窗宽的 DEA 视窗分析模型的我国高校科研评价［D］. 哈尔滨：哈尔滨工业大学，2012.

［14］王军. 学科交叉型高校科研创新团队建设与管理研究［D］. 武汉：华中师范大学，2012.

［15］柳洲. 高校跨学科科研组织成长机制研究［D］. 天津：天津大学，2008.

［16］池颖. 我国高校科研创新团队建设研究［D］. 长春：吉林大学，2009.

［17］林莉. 高校科研创新团队创新行为及其系统动力学模型建构的研究［D］. 重庆：第三军医大学，2009.

［18］刘新跃. 地方高校哲学社会科学科研管理创新研究［D］. 合肥：合肥工业大学，2010.

［19］刘微微. 国防工业高校科研能力动态评价方法研究［D］. 哈尔滨：哈尔滨工业大学，2011.

［20］白勤. 高校教师学术不端行为治理研究［D］. 重庆：西南大学，2011.

[21] 明宇.组织知识共享视野下的普通高校体育科研团队的研究 ［D］.
上海：上海体育学院，2011.

[22] 马卫华.产学研合作对高校学术团队核心能力作用机理研究 ［D］.
广州：华南理工大学，2011.

[23] 张茂林.创新背景下的高校科研团队建设研究 ［D］.武汉：华中
师范大学，2011.

[24] 韩国元.高校科研团队知识共享研究 ［D］.哈尔滨：哈尔滨工程
大学，2012.

[25] 徐梦杰.伦理视角下高校学生学术操守研究 ［D］.上海：华东师范
大学，2013.

[26] 吴荣斌.科研机构与高校知识创新协同研究 ［D］.武汉：华中科技
大学，2012.

[27] 张桂平.科研考核压力对高校教师非伦理行为的影响机制研究 ［D］.
武汉：华中科技大学，2012.

[28] 陈改娜.大学教师职称评审模式探析 ［D］.湘潭：湘潭大学，2011.

[29] 单丙波.试论改革开放以来中国高校教师职称制度之变迁 ［D］.
济南：山东大学，2008.

[30] 王桂琴.福建省高校教师职称制度的发展与改革研究 ［D］.福州：
福建师范大学，2008.

[31] 李国辉.我国高校教师专业技术职称评审量化指标体系分析 ［D］.
重庆：西南大学，2010.

[32] 赵志鲲.高校教师职称评聘工作的管理特点与变革策略：基于
A 大学的个案研究 ［D］.南京：南京师范大学，2004.

[33] 王波.人力资本与高校职称评定 ［D］.福州：福建农林大学，2002.

[34] 刘贵华.大学学术生态研究 ［D］.上海：华东师范大学，2002.

三、中文期刊论文

[1] 阎光才."要么发表要么出局"：研究型大学内部的潜规则？［J］.
比较教育研究，2009（2）：2.

[2] 赵志鲲.高校职称评聘制度评价与对策探讨 ［J］.江苏高教，2007
（3）：154-155.

[3] 刘玉燕. 深化高校职称评聘制度改革浅析 [J]. 社会科学家, 2006 (S2): 272-273.

[4] 陈雨海. 以职称政策为导向建立提高教学质量的长效机制: 全国部分高等学校教师职务聘任政策的调研和分析 [J]. 中国高等教育, 2006 (Z2): 65-67.

[5] 郭号林, 赵星. 澳大利亚大学教师职称晋升制度及启示 [J]. 求实, 2013 (S2): 293-294.

[6] 牛风蕊. 我国高校教师职称制度的结构与历史变迁: 基于历史制度主义的分析 [J]. 中国高教研究, 2012 (10): 71-75.

[7] 刘军奎. 高校职称评审制度的社会学思考 [J]. 前沿, 2011 (5): 155-157.

[8] 叶芬梅. 政府·市场·学术: 论高校教师职称制度改革的动力机制 [J]. 国家教育行政学院学报, 2009 (6): 31-36.

[9] 叶芬梅. 高校教师职称制度功能探讨: 一个制度分析的视角 [J]. 黑龙江高教研究, 2009 (9): 117-121.

[10] 叶芬梅. 建国 60 年高校教师职称制度变迁逻辑与制度反思 [J]. 现代大学教育, 2009 (6): 33-38.

[11] 赵梁红. 基于公平的高校教师职称评审制度的构建 [J]. 中国高教研究, 2009 (11): 64-66.

[12] 宋广文, 李建惠, 何文广. 高校教师职称制度改革的几点思考 [J]. 国家教育行政学院学报, 2010 (5): 20-25.

[13] 车美荣. 关于我国高校教师职称评聘制度的研究 [J]. 黑龙江高教研究, 2004 (8): 67-68.

[14] 贾莉莉. 意大利大学教师职称制度改革新举措 [J]. 比较教育研究, 2004 (7): 92-93.

[15] 于鸿博. 略述西方高校的职称评聘制度及其借鉴 [J]. 教育研究, 1994 (8): 51-55.

[16] 周强, 赵雅琴. 加强职称评审的思想与组织领导建立和完善科学的评聘制度: 上海中医药大学职改回眸 [J]. 上海高教研究, 1997 (S1): 19-21.

[17] 杨延东, 左兴红, 刘鸿雁. 深化高校职称改革完善教师职务聘任制度 [J]. 辽宁高等教育研究, 1997 (5): 105-106.

[18] 邢雅川. 高校教师职称、工资制度改革刍议 [J]. 华中理工大学学报（社会科学版），1993（1）：51-55.

[19] 江芳泽，山鸣峰. 高校用人制度和职称改革的实践与探索 [J]. 上海高教研究，1993（2）：78-81.

[20] 晏辉. 现代性语境下公共性问题的哲学批判 [J]. 哲学研究，2011（8）：115-121.

[21] 何明升，白淑英. 在线生存：现代性的另一种呈现 [J]. 哲学研究，2007（3）：108-112.

[22] 刘婵娟. 现代性研究中的两个问题 [J]. 哲学研究，2007（3）：113-116.

[23] 张雄. 现代性逻辑预设何以生成 [J]. 哲学研究，2006（1）：26-36.

[24] 王善平. 现代性：资本与理性形而上学的联姻 [J]. 哲学研究，2006（1）：37-41，127-128.

[25] 张雄. 现代性后果：从主体性哲学到主体性资本 [J]. 哲学研究，2006（10）：27-34

[26] 唐文明. 何谓现代性？[J]. 哲学研究，2000（8）：44-50.

[27] 包利民. 现代性伦理价值的张力结构 [J]. 哲学研究，2000（9）：22-27.

[28] 邓修权，康云鹏，席俊锋，等. 高校科研团队资源能力模型构建及其应用研究 [J]. 科学学研究，2012（1）：102-110.

[29] 宋媚，张朋柱. 高校同缘学术团队的知识延续性管理研究：以上海某高校学术团队为例 [J]. 情报杂志，2012（1）：128-133.

[30] 龙立荣，王海庭，朱颖俊. 研究型高校科研考核模式与创新的关系 [J]. 高等工程教育研究，2012（1）：145-150.

[31] 钟铧. 一名高校教师的科研生活自传研究 [J]. 现代大学教育，2012（1）：46-50.

[32] 邱均平，马凤. 中国高校在建设世界一流大学过程中的进步和问题：基于2011年《世界一流大学与科研机构学科竞争力评价》的分析 [J]. 中国高教研究，2012（1）：17-22.

[33] 许刚，王蕾. 高校科研团队学术生态系统协同演化 [J]. 科技管理研究，2012（6）：129-132.

[34] 余玉龙. 强化教学学术促高校教学科研双赢 [J]. 中国高等教育, 2012 (1): 33-34.

[35] 陈丹丹. 大学生学术规范与学术道德认知研究: 基于成都市高校的数据分析 [J]. 西南民族大学学报 (人文社会科学版), 2012 (5): 225-229.

[36] 李俊杰. 科研反哺教学的合理性及地方高校因应策略 [J]. 教育研究, 2012 (3): 53-56.

[37] 马瑞敏, 韩小林. 中国高校科研创新力分类分层研究 [J]. 重庆大学学报 (社会科学版), 2012 (2): 106-111.

[38] 鲍威, 王嘉颖. 象牙塔里的压力: 中国高校教师职业压力与学术产出的实证研究 [J]. 北京大学教育评论, 2012 (1): 124-138.

[39] 王丽娜. 高校科研效率研究: 以江苏省为例 [J]. 科技管理研究, 2012 (11): 127-131.

[40] 杜鹏, 杨燕萍, 关晓斌. 高校人文社会科学科研工作者学术道德与诚信状况 [J]. 中国人民大学学报, 2012 (4): 144-153.

[41] 马卫华, 肖丁丁, 许治. 基于生命周期理论的高校学术团队核心能力演化路径 [J]. 高教探索, 2012 (4): 91-96.

[42] 李志锋. 高校学术职业分层制度的变迁逻辑 [J]. 清华大学教育研究, 2012 (4): 110-116.

[43] 冯光娣, 陈珮珮, 田金方. 基于 DEA-Malmquist 方法的中国高校科研效率分析: 来自 30 个省际面板数据的经验研究 [J]. 现代财经 (天津财经大学学报), 2012 (9): 61-73.

[44] 冯宝军, 李延喜, 李建明. 基于多属性分析的高校科研经费全成本核算研究 [J]. 会计研究, 2012 (5): 10-15.

[45] 朱建育, 赵红军, 方曦. 基于高校科研绩效及创新能力评价的模型比较与实证研究 [J]. 科技管理研究, 2012 (17): 149-153, 164.

[46] 张伟, 张庆普. 整体网视角下高校科研团队知识共享能力测量研究: 以某高校系统工程科研团队为例 [J]. 科学学与科学技术管理, 2012 (10): 170-180.

[47] 史静寰, 李一飞, 许甜. 高校教师学术职业分化中的生师互动模式研究 [J]. 教育研究, 2012 (8): 47-55.

[48] 李志宏, 赖文娣, 白雪. 高校科研团队隐性知识共享的系统动力学分析 [J]. 管理学报, 2012 (10): 1495-1504.

[49] 李小军. 论学术共同体视域下的高校学术腐败治理路径 [J]. 广州大学学报（社会科学版），2012（6）：5-11.

[50] 赵俊芳. 高校教学评价："学术人"与"行政人"的博弈 [J]. 复旦教育论坛，2012（5）：28-32.

[51] 董泽芳，黄建雄. 高校教师学术交往的调查与思考 [J]. 国家教育行政学院学报，2012（10）：72-78.

[52] 李礼. 加拿大高校学术道德与学术规范教育探析：以多伦多大学和滑铁卢大学为例 [J]. 比较教育研究，2012（9）：14-17.

[53] 马焕灵，赵连磊. 美国高校学生学术不端行为校园规制摭探 [J]. 比较教育研究，2012（9）：18-22.

[54] 粟洪武. 高校教师学术能力提升的活力要素与激励机制运行模式 [J]. 陕西师范大学学报（哲学社会科学版），2012（6）：154-157.

[55] 侯清麟，刘文良. 高校教学、科研和谐发展的困惑与超越 [J]. 高等工程教育研究，2012（6）：91-95.

[56] 阎光才，岳英. 高校学术评价过程中的认可机制及其合理性：以经济学领域为个案的实证研究 [J]. 教育研究，2012（10）：75-83.

[57] 张桂平，廖建桥. 科研压力对高校学术不端行为的作用机制研究：组织支持和学术自尊的调节效应 [J]. 科学学研究，2012（12）：1781-1788.

[58] 李有增."2011 计划"实施目标与高校科研管理体制创新 [J]. 中国高等教育，2012（22）：52-55.

[59] 胡咏梅，段鹏阳，梁文艳. 效率和生产率方法在高校科研评价中的应用 [J]. 北京大学教育评论，2012（3）：57-72.

[60] 于胜刚. 利益视角下高校学术管理制度省思 [J]. 东北师大学报（哲学社会科学版），2013（1）：173-176.

[61] 杨忠泰. 完善高校科研评价的思考 [J]. 科技进步与对策，2013（3）：153-156.

[62] 金久红，陈曦. 不能承受之重：论经济效益和学术发展共同期许下的高校学报改制 [J]. 河北师范大学学报（哲学社会科学版），2013（1）：141-146.

[63] 赵丽梅，张庆普. 高校科研创新团队成员知识创新的激励机制研究 [J]. 科学学与科学技术管理，2013（3）：89-99.

[64] 樊桂清，贾相如. 高校科研领域内"马太效应"对青年教师发展影响研究 [J]. 高校教育管理，2013（2）：70-74.

[65] 徐维英.高校人文社科科研柔性管理模式探讨 [J].江苏高教,2013 (2)：43-44.

[66] 刘永林,李燕.我国高校科研经费管理廉政风险防范研究 [J].科学管理研究,2013 (2)：27-30.

[67] 杨明,李琪.美国高校学术评价制度的借鉴与反思 [J].黑龙江高教研究,2013 (4)：46-49.

[68] 徐灵,魏彤春,侯光辉.科研压力下的高校教师学术不端行为：组织支持的调节效应 [J].科技管理研究,2013 (7)：86-91.

[69] 朱建育,赵红军,方曦.基于面板数据模型的上海高校科研绩效评价的实证研究 [J].研究与发展管理,2013 (2)：115-119.

[70] 赵露,林茂,马涛.对当前高校学术型社团建设的思考：以四川大学为例 [J].思想教育研究,2013 (4)：97-99.

[71] 黄宇,李战国,冯爱明.高校科研创新团队建设：困境与突围 [J].高等工程教育研究,2013 (2)：97-100.

[72] 赵迎红.图书馆学术信息量与高校研究竞争力相关性探讨：基于48所高校的实证研究 [J].大学图书馆学报,2013 (1)：21-27.

[73] 廖中举,吴道友,程华.人口背景特征、制度性因素与科技人才收入满意度：基于高校、科研院所与企业的对比研究 [J].科学学研究,2013 (6)：871-882.

[74] 赵哲.高校与企业、科研院所协同创新的现状与对策：以辽宁高校为例 [J].现代教育管理,2013 (6)：31-36.

[75] 李小军.论学术共同体视域下的高校学术腐败治理路劲 [J].研究生教育研究,2013 (3)：31-36

[76] 陈英杰,陈效林.科研导向对科研产出的影响：基于高校教师社会资本的研究 [J].科技进步与对策,2013 (12)：1-4.

[77] 张焱.教学与科研：高校青年教师何去何从 [J].江苏高教,2013 (3)：95-97.

[78] 段洪波.以人才培养为导向的高校科研评价改革探析 [J].中国高教研究,2013 (5)：74-77.

[79] 贾明春,张鲜华.高校科研绩效影响因素分析及对审计工作的启示 [J].审计研究,2013 (3)：28-33.

[80] 李志峰，浦文轩，刘进.权力与学术职业分层：学校权力对高校教师职务晋升影响的实证研究 [J].高等教育研究，2013（7）：28-34.

[81] 李志峰，廖志琼.当代中国高校学术职业分层及特征分析 [J].中国高教研究，2013（8）：20-25.

[82] 周刚，陈华荣.中美一流高校专职科研队伍建设比较与思考 [J].中国高教研究，2013（10）：63-67.

[83] 黄永林，李茂峰.我国高校科研经费管理政策与制度存在的主要问题及其对策建议 [J].教育与经济，2013（3）：3-8.

[84] 徐松如，罗志敏.高校科研人员学术价值观状况调查：以上海为例 [J].教育发展研究，2013（17）：30-36.

[85] 司林波.高校青年教师学术越轨行为分析 [J].高校教育管理，2013（6）：70-74.

[86] 张伯阳，张科，王钢.人文社会科学研究学术文献计量分析：以甘肃高校及科研机构为对象 [J].甘肃社会科学，2013（6）：66-69.

[87] 白勤，易连云.高校教师学术不端行为治理研究 [J].高等教育研究，2013（11）：83.

[88] 郭崇慧，王佳嘉."985工程"高校校际科研合作网络研究 [J].科研管理，2013（S1）：211-220.

[89] 张桂平，廖建桥.科研考核压力对高校教师非伦理行为的影响研究 [J].管理学报，2014（3）：360-366.

[90] 赵哲.高校与企业、科研院所协同创新的机制障碍与对策：以辽宁省高校为例 [J].高校教育管理，2014（2）：49-53.

[91] 张珣，徐彪，彭纪生，等.高校教师科研压力对科研绩效的作用机理研究 [J].科学学研究，2014（4）：549-558.

[92] 赵飞，艾春艳，游越，等.基于文献计量开展高校科研评估的探索与思考：以北京大学科研竞争力评估为例 [J].大学图书馆学报，2014（1）：97-101.

[93] 李晓燕.美国高校治理学术不端行为制度研究 [J].陕西师范大学学报（哲学社会科学版），2014（4）：119-127.

[94] 陈搏.高校教师学术共同体的知识创新能力建设 [J].高教探索，2014：167-172.

[95] 谢玉华，毛斑斑. 高校教师科研动机实证研究 [J]. 高教探索，2014 (4)：156-159.

[96] 马志强，薄瑞蕾，朱永跃，等. 高校科研团队冲突、内聚力与团队效能的关系研究 [J]. 中国科技论坛，2014 (9)：100-105.

[97] 胡林龙. 中美高校学术不端行为处理程序的比较研究：以中美部分高校学术规范为例 [J]. 中国高教研，2014 (6)：52-57.

[98] 李成刚，许为民，张国昌. 大学治理结构中学术力量和行政力量的配置与定位研究：基于四所国外高校的分析 [J]. 中国高教研究，2014 (8)：11-16.

[99] 戎华刚. 高校教师学术道德认知及其差异性分析 [J]. 教育科学，2014 (4)：36-42.

[100] 朱军文，刘念才. 高校科研评价定量方法与质量导向的偏离及治理 [J]. 教育研究，2014 (8)：52-59.

[101] 张胤，武丽民. "行政主导" 到 "学术为本、权力共治"：从《高等学校学术委员会规程》看中国高校治理结构 [J]. 江苏高教，2015 (1)：47-49.

[102] 周宏岩，秦婷婷. 研究生学术道德现状实证分析：以北京四所高校和科研院所为例 [J]. 思想教育研究，2014 (12)：96-99.

[103] 冯海燕. 高校科研团队创新能力绩效考核管理研究 [J]. 科研管理，2015 (1)：54-62.

[104] 阎光才，牛梦虎. 学术活力与高校教师职业生涯发展的阶段性特征 [J]. 高等教育研究，2014 (10)：29-37.

[105] 贾思怡，李清. 高校艺术类专业合作办学科研学术平台构建与实践 [J]. 山东社会科学，2014 (S2)：248-250.

[106] 唐静. 从教育资源配置的维度探析高校的教学与科研 [J]. 湖北大学学报 (哲学社会科学版)，2015 (1)：141-145.

[107] 张奇勇，闫志英，卢家楣. 高校教师科研倦怠感问卷的编制与信效度检验 [J]. 心理学探新，2015 (1)：84-89.

[108] 谢耀霆. 面向协同创新的高校科研团队组织模式与激励机制探析 [J]. 高等工程教育研究，2015 (1)：102-106.

[109] 孙进. 德国大学教师偏爱科研的职业行为倾向：一种资本理论的分析视角 [J]. 比较教育研究，2007 (4)：54-57，78.

［110］南建党.高校教师"重科研、轻教学"现象之经济学分析［J］.统计与决策,2007（20）：67-69.

［111］李宝斌,许晓东.高校教师评价中教学科研失衡的实证与反思［J］.高等工程教育研究,2011（2）：76-81.

［112］张德昭,徐慧茹.现代性批判视野中的学术不端分析［J］.自然辩证法研究,2013（5）：76-80.

［113］余斌.高校教师科研文化的缺陷及其改进［J］.高等教育研究,2008（7）：62-67.

［114］安敏,曾旸,于晓斐.中国高校教师科研业绩评价研究综述［J］.科技管理研究,2011（24）：83-86.

［115］马国顺,甘真玮."双一流"建设下高校教师职称改革的困境与突破：基于布迪厄社会学理论的视角［J］.高校教育管理,2018（6）：107-114.

［116］章家恩.关于加强高校学术生态建设之探讨［J］.科技管理研究,2015（24）：89-92.

［117］张英丽.学术生态视域下大学教师职业道德失范影响因素的实证研究［J］.高等教育研究,2015（9）：44-50.

［118］张英丽.和谐学术生态建设中高校教师职业道德功能的再认识［J］.大学教育科学,2015（3）：82-85.

［119］吴海江.中国大学学术生态的历史反思与现代重建［J］.复旦教育论坛,2014（6）：10-16.

［120］向华.大学学术生态环境优化路径研究［J］.科学管理研究,2014（2）：25-28.

［121］王全林,程东峰.大学教师学术生态问题与重构［J］.教师教育研究,2013（2）：12-17.

［122］冯君莲.大学学术生态的困境与出路［J］.大学教育科学,2012（6）：101-106.

［123］刘贵华,薛天祥.大学学术生态研究［J］.高等教育研究,2010（10）：37.

［124］王革,刘乔斐.加强大学学术生态建设的路径分析［J］.中国高教研究,2010（3）：54-56.

［125］耿益群.美国研究型大学如何营造良性教师学术生态［J］.中国高等教育,2010（1）：61-62.

［126］唐安奎. 论大学学术环境与基层学术人员的成长：学术生态的视角［J］. 现代教育科学, 2006（7）: 90-93.

［127］刘贵华. 三种大学学术生态模式的比较［J］. 教育发展研究, 2005（19）: 56-59.

［128］王牧华, 宋莉. 创新导向的高校学术生态治理：结构要素与实践路径［J］. 高校教育管理, 2019（5）: 18-25.

四、外文文献

［1］ERNEST L BOYER. Scholarship reconsidered: Priorities of the professoriate ［M］. Princeton: Princeton University Press, 1990: 15-25.

［2］WALLENFELDT E C. Roots of special interests in American Higher Education: A social psychological historical perspective ［M］. Washington: University Press of America, 1986: 141.

［3］PAUL RABINOW, WILLIAM M SULLIVAN. Interpretive social science: A second look ［M］. Auckland: University of California Press, 1979.

［4］CALINESCU. Five faces of modernity ［M］. Durham: Duke University Press, 1987.

［5］DENHARDT ROBERT B. Managing human behavior in public and non-profit organizations ［M］. Los Angeles: SAGE Publications, 2013.

［6］JOINER, HAYWOOD B J. A study of factors used to evaluate faculty teaching, research and service performance at historically black colleges and universities ［D］. Grambling: Grambling State University, 2008.

［7］LOFTIN LEONZA. The relationship of academic achievement and other selected variables to the occupational retention of black teacher education graduates: A case study at fayetteville state university ［D］. Raleigh: University of North Carolina at Chapel Hill, 1984.

［8］MOSES INGRID. Promotion of academic staff ［J］. Higher Education, 1986, 15（1-2）: 135-149.

［9］MOVAHEDI R, ASGARI N, CHIZARI M. Factors affecting teaching quality and research performance offaculty members: The case of the agricultural faculty, bu-ali sina university ［J］. Iranian Agricultural Extension and Education Journal, 2012, 7（2）: 63-75.

[10] BAILEY J G. Academics' motivation and self-efficacy for teaching and re search [J]. Higher Education Research and Development, 1999, 18 (3): 343-359.

[11] LECHUGA V M, LECHUGA D C. Faculty motivation and scholarly work: Self-determination and self-regulation perspectives [J]. Journal of the Professoriate, 2012, 6 (2): 60.

[12] MWAMWENDA T S. Research and publication and teaching in the promotion of university academic staff [J]. Psychological Reports, 1996, 79 (2): 599-602.

[13] TIEN F F. Faculty research behaviour and career incentives: The case of Taiwan [J]. International Journal of Educational Development, 2007, 27 (1): 4-17.

[14] TIEN F F. To what degree does the desire for promotion motivate faculty to perform research? Testing the expectancy theory [J]. Research in Higher Education, 2000, 41 (6): 723-752.

[15] TIEN F F. What kind of faculty are motivated to perform research by the desire for promotion? [J]. Higher Education, 2008, 55 (1): 17.

[16] KENNEDY D. Stanford in its second century [J]. Stanford University Campus Report, 1990 (11): 17-18.

[17] ERNEST L BOYER. Scholarship reconsidered: Priorities of the professoriate [M]. Princeton: Princeton University Press, 1990.

[18] HONG LIU, JIAN ZHENG. Academic development of young teachers in chinese universities: A social capital perspective [J]. Asian Social Science, 2014, 11 (21): 197.

[19] B T SAMPATH KUMAR, G MANJUNATH. Internet use and its impact on the academic performance of university teachers and researchers: A comparative study [J]. Higher Education, Skills and Work-based Learnin, 2013 (3): 219.

[20] GEORGIA STEPHANOU, ARGYRIS KYRIDIS. University students' perceptions of teacher effectiveness and emotions in lectures: The role of socio-cognitive factors, and academic performance [J]. International Education Studie, 2012, 5 (2): 58-79.

[21] THOMSON KATE. Inspiring academics: Learning with the world's greatest university teachers, edited by iain hay [J]. Higher Education Research and Development, 2012 (2): 269-270.

[22] DYLAN GWYNN-JONES, JOHN WARREN. Academic strategies in a funding crisis: Research competitor, ruderal or university teacher? [J]. Trends in Ecology and Evolution, 2011 (2): 56-57.

[23] IAN BRAILSFORD. "We know no such profession as a university teacher": New zealand academics' teaching capabilities and student performance in the years of academic boom and student strife [J]. History of Education Review, 2011 (1): 30-36.

[24] ANDREA CHRISTEN, MARTIN HOFMANN. Implementation of e-portfolio in the first academic year at the university of teacher education st. gallen [J]. International Journal of Emerging Technologies in Learning, 2008 (1): 6-10.

[25] RAMSDEN PAUL, PROSSER MICHAEL, TRIGWELL KEITH, et al. University teachers' experiences of academic leadership and their approaches to teaching [J]. Learning and Instruction, 2007 (2): 140-155.

[26] CRESO M SA. Interdisciplinary strategies in US research universities [J]. Higher Education, 2008 (5): 537-552.

[27] HENRY LIN. Opportunities and challenges for interdisciplinary research and education [J]. Journal of Natural Resources & Life Sciences Education, 2008, 37: 83-91.

[28] JENI HART, MATTHEW M MARS. Joint appointments and the professoriate: Two houses but no home? [J]. Innovative Higher Education, 2009, 34: 19-32.

[29] CETIN MUNEVVER OLCUM, HACIFAZLIOGLU OZGE. Conflict management styles: A comparative study of university academics and high school teachers [J]. Journal of American Academy of Business, 2004 (1): 325-332.

[30] MUSTAFA SAMEER T, DALEN CHIANG. Dimensions of quality in higher education: How academic performance affects university students' teacher evaluations [J]. Journal of American Academy of Business, 2006 (1): 294-303.

[31] HARLAND TONY. Pre-service teacher education for university lecturers: The academic apprentice [J]. Journal of Education for Teaching, 2001 (3): 269-276.

[32] ARMSTRONG KATIE. Stuck in the middle: The professional development experiences of new teacher academy facilitators [D]. New York: Columbia University, 2012.

[33] BATTISTA ADAM. A comparison of higher education and previous work experience on military police academy performance [D]. Kingston: Queen's University, 2014.

[34] SMITH CLAIR A. The structure of higher education: Order in the academy [D]. Washington D C: George Mason University, 2009.

[35] CUNNINGHAM JOHN DOUGLAS. Inter-organizational relationships between secondary school academies of travel and tourism and highereducation institutions [D]. Washington D C: The George Washington University, 2000.

[36] VON NEUMANN J, MORGENSTERN O. Theory of games and economic behavior [M]. Princeton: Princeton University Press, 1944.

[37] NASH J. The bargaining problem [J]. Econometrica, 1950, 18 (2): 155-162.

[38] TAYLOR P D, JONKER L B. Evolutionarily stable strategies and game dynamics. Mathematical Biosciences, 1978, 40 (1): 145-156.

[39] MAYNARD S J. Evolution and the Theory of Games [M]. Cambridge: Cambridge University Press, 1982.

[40] HAUERT C, DOEBELI M. Spatial structure often inhibits the evolution of coorperation in the snowdrift game [J]. Nature, 2004, 428 (6983): 643-646.

[41] KENNEDY D. Stanford in its second century [J]. Stanford University Campus Report, 1990 (11): 17-18.

[42] POWELL K YOUNG. Talented and fed-up: Scientists tell their stories [J]. Nature, 2016, 538 (7626): 446-449.